Wir gehen essen in Italien

Sibylle Bach

Wir gehen essen in Italien

Ein Buch für das Handschuhfach

illustriert
von
Ernst Hürlimann

ADAC VERLAG GMBH · MÜNCHEN

- Bei mit diesem Zeichen versehenen Gerichten werden Singvögel (Zugvögel) zubereitet, die in ihren Heimatländern unter Schutz stehen

- Die mit diesem Zeichen versehenen Gerichte werden aus Zugvögeln hergestellt, von denen Wachtel, Waldschnepfe, Knäkente und Bekassine zu den Arten gehören, die bereits in ihrem Bestand bedroht sind

- Bei mit diesem Zeichen versehenen Gerichten werden Vögel zubereitet, die in ihrer Existenz hochgradig gefährdet sind

Wer auf so gekennzeichnete Gerichte verzichtet, trägt dazu bei, diese Vögel uns und der Nachwelt zu erhalten

3. Auflage, 1975, 31.–45. Tausend
© Copyright 1971 by ADAC Verlag GmbH
8 München 70, Baumgartnerstraße 53
Alle Rechte vorbehalten
Gesamtherstellung Passavia Druckerei AG Passau

ISBN 3-87003-097-6

Inhalt

Essen und Trinken in Italien

Dieses Buch wurde für den Touristen geschrieben. Es soll das Essen in italienischen Restaurants unproblematisch machen. Der Ferienreisende soll das Menü bestellen können, auf das er wirklich Appetit hat. Dafür genügt nicht die Übersetzung der italienischen Speisekarte. Der Gast aus Deutschland muß die Rezeptur der einzelnen Gerichte kennen, denn was nützt es ihm zu erfahren, daß ›minestrone alla milanese‹ auf deutsch ›Gemüsesuppe nach Mailänder Art‹ heißt, wenn er diese Art nicht kennt.

Das Buch will kein Knigge für Ferienreisende sein, es wird also nicht erklären, wie man Artischocken oder Spargel ißt. Wohl aber möchte es zur Kenntnis der italienischen Eßgewohnheiten beitragen und so zu einer gewissen Sicherheit beim Besuch in italienischen Restaurants verhelfen. Und letztlich wird es vielleicht ganz nebenbei Verständnis für die Eigenarten der italienischen Küche wecken, die, hier wie bei uns, von Tradition, Umwelt und Klima abhängig sind.

Der blaue Himmel Italiens macht fröhliche und temperamentvolle Menschen, die gerne essen und trinken und die sich für angenehme Beschäftigungen viel Zeit lassen: Ein Essen, das schnell serviert werden kann, ist ihnen verdächtig, ein Esser, der seine Mahlzeit verschlingt, ein armer Teufel.

Die italienische Küche muß man mit Ruhe im Herzen genießen, Gang für Gang!

Gegessen wird gewöhnlich ab 12 Uhr. Später als 13.30 Uhr sollte man in Italien nicht zum Mittagessen (lunch, dejeuner, pranzo) gehen. Das Abendessen (dinner, dîner, cena) nimmt man ab 20 Uhr ein.

Sorge, nachlässig bedient zu werden, braucht niemand zu haben. Wer einmal am Tisch sitzt, ist der Aufmerksamkeit des Kellners (cameriere) sicher. Oft zeigt sich neben diesem auch noch der Koch oder der Besitzer des Lokals. Es kann dem Reisenden sogar passieren, daß alle drei zugleich verzückt auf ihn einreden und herrliche Spezialitäten anbieten. So in die Enge getrieben, könnte der unerfahrene Mann aus dem Norden vorschnell bestellen – und einen entscheidenden Fehler begehen; denn wer weiß schon, was ihn erwartet und was der unbekannte Spaß eigentlich kostet.

Der weitgereiste Autotourist winkt hier sanft lächelnd ab, sagt: »Mi porti la lista!« und hält unser Handschuhfachbuch bereit, um mit überlegener Ruhe festzustellen, was die Speisekarte (mit Preisen!) nun eigentlich bietet.

WO KANN MAN ESSEN

Albergo Das ist keine »Herberge«, sondern so heißt das Hotel in Italien; fast immer gehört ein Restaurant dazu

Bar Hier wird nicht ›gegessen‹, aber man kann in der Bar frühstücken, den Aperitif nehmen, Eis kaufen und Kaffee, Milch, Schokolade oder Saft trinken

Birreria Bierausschank mit Essen

Bottega Stehausschank mit Imbißstube

Bucca Kleines Landgasthaus in der Toskana, in dem es nur ein Tagesgericht oder Menü gibt

Cantina Weinkeller oder Weinprobierstube; man kann hier auch einen Imbiß nehmen

Locanda Ein Gasthaus, das auch Zimmer vermietet

Pizzeria Eine Pizzabäckerei, in der man essen kann

Osteria Hier wird offener Wein ausgeschenkt, und man kann auch essen

Ristorante Die Bezeichnung für Speiselokale der gehobenen Klasse

Trattoria Einfaches Gasthaus, in dem man gut essen kann

Lista

COLAZIONI DEL 22.7.
Mittagsgerichte vom 22.7.

CENE DEL 22.7.
Abendessen vom 22.7.

ANTIPASTI
Vorspeisen

MINESTRE
Suppen, Teigwaren, Reisgerichte

PIZZE E FARINACEI
Pizzas und Teigwaren

PIATTI DEL GIORNO
Tagesgerichte

PIATTI A FARSI
Gerichte, auf die man warten muß,
da sie frisch zubereitet werden

LESSI
Gekochtes Fleisch oder Huhn

ARROSTI
Gebratenes Fleisch oder Geflügel

PIATTI DI CARNE
Fleischgerichte

POLLAME
Geflügel

SELVAGGINA – CACCIAGIONE
Wild

PESCE
Fisch

ALLA GRIGLIA
Gerichte vom Grill

UOVA
Eier

SPECIALITA DELLA CASA
Spezialitäten des Hauses

LEGUMI – VERDURE – ERBAGGI
Gemüse

PRIMIZIE
Frühlingsgemüse

PIATTI FREDDI
Kalte Speisen

CONTORNI
Beilagen

FORMAGGIO
Käse

DOLCI E GELATI
Süßspeisen und Eis

FRUTTA
Früchte frisch, gekocht oder getrocknet

BEVANDE
Getränke

VINI
Weine

Was noch auf der Speisekarte stehen kann

MENU A PREZZO FISSO
Menü zum Festpreis
Das Menü zum Festpreis wurde vom Ministerium
für Fremdenverkehr für Touristen eingeführt.
Es ist reichlich, preiswert und besteht
mindestens aus drei Gängen:
Vorspeise, Fleisch, Huhn oder Fisch und Nachspeise

IL CHEF OGGI CONSIGLIA
Der Küchenchef empfiehlt heute

SU ORDINAZIONE
Auf Bestellung

PER IL SERVIZIO AL TAVOLO I PREZZI
SARANNO MAGGIORATI DEL 15%
Für Bedienung am Tisch erhöhen sich diese Preise um 15%
(diese Preise gelten nur für das Stehbüffet)

SERVIZIO E COPERTO COMPRESO
Bedienung und Gedeck im Preis eingeschlossen

PANE, GRISSINI E COPERTO: LIRE ...
Brot, kleine, dünne Brotstangen und Gedeck: Lire ...

COP. L. 200; PERC. 12%
Gedeck 200 Lire; Bedienung 12%

QUESTO LOCALE RIMANE CHIUSO TUTTI
I LUNEDI PER TURNO DI RIPOSO
Dieses Lokal hat am Montag Ruhetag und ist deshalb
geschlossen

LISTA DEI VINI A PARTE
Die Weine stehen auf einer eigenen Karte

PREZZI ALLA CARTA
Preise nach der Karte

GETRÄNKE KARTE

VINI
Weine

ASSORTITI DELLE MIGLIORI MARCHE
Eine Auswahl bester Markenweine

VINI COMUNI
Einfache Weine

VINI PREGIATI
Vorzügliche Weine

VINO NOSTRANO – VINO DEL LUOGO –
VINO DI PAESE – VINO NOSTRALE
Landwein aus der näheren Umgebung

VINI DA PASTO
Tischweine

VINO DI BOTTE
Wein vom Faß

VINO IN CARAFFA – VINO IN BICCHIERE
Schoppenwein (offener Wein)

VINO IN BOTTIGLIA
Flaschenwein

VINO GIOVINE/GIOVANE
Junger Wein

VINO VECCHIO
Alter Wein

VINO ROSSO
Rotwein

VINO BIANCO
Weißwein

VINO ROSATO
Rosé-Wein

VINO SPUMANTE
Schaumwein, Sekt

VINO FRIZZANTE
Perlwein

SCIAMPAGNA
Champagner, französischer Sekt

VINO DI MELE – SIDRO
Apfelwein

APERITIVI E VERMOUTH
Aperitiv- und Vermouthgetränke,
wie z.B. Campari Soda, Cinzano Soda, Cynar
(ein Aperitiv mit einem Auszug aus Artischocken) usw.

AMARI
Bitter, wie z.B. China Martini, Amaro Cora usw.

BIRRA ESTERA
Ausländisches Bier (teuer)

BIRRA PICCOLA
Kleines Bier

BIRRA MEDIA
½ Flasche Bier

BIRRA GRANDE
Große Flasche Bier

BIBITE
Alkoholfreie Getränke

AQUA MINERALE ½ BOTTIGLIA
Mineralwasser ½ Flasche

AQUA MINERALE BOTTIGLIA
Mineralwasser 1 Flasche

BEVANDE GASSATE – GASOSA
Sprudel oder Brauselimonade

LIMONATA
Zitronenlimonade

ARANCIATA
Orangenlimonade

SPREMUTE DI LIMONE
Frischgepreßter Zitronensaft

SPREMUTE D'ARANCIA
Frischgepreßter Orangensaft

SUCCO DI FRUTTA
Fruchtsaft

SUCCO DI MELE
Apfelsaft

GRANATINA
Granatapfelsirup (Grenadine)

GHIACCIATA
Eisgetränk

LIQUORI
Unter der Bezeichnung «Liquori»
werden in Italien nicht nur Liköre
sondern auch Whisky, Gin usw. angeboten

LIQUORI NAZIONALI
Inländische Erzeugnisse

LIQUORI ESTERI
Ausländische Erzeugnisse (teuer)

STREGA
Kräuterlikör

MARASCHINO
Berühmter Likör aus der Sauerkirsche

SAMBUCA
Anislikör, den man nach dem Essen
zur Anregung des Gallenflusses trinkt.
Zuweilen kauen die Italiener eine Kaffeebohne dazu

ACQUAVITE
Branntwein

GRAPPA
Italienischer Weinbrand,
oft mit Vermouth oder Kräutern gewürzt.
Grappa ist der traditionelle Abschluß einer Mahlzeit

GRAPPA RUTA
Grappa mit einem Kräuterzweig in der Flasche

FERNET BRANCA
Sehr bitterer Magenschnaps, gut für die Verdauung

BEVANDE CALDE
Warme Getränke

LATTE BICCHIERE
Milch im Glas (meistens warm)

TÈ O CAMOMILLA
Schwarzer Tee oder Kamillentee

CAFFÈ ESPRESSO
Starker Kaffee aus der Filtermaschine,
der in kleinen Tassen mit viel Zucker
ohne Milch getrunken wird

CAFFÈ CON LATTE – CAFFÈ LATTE
Kaffee mit Milch

CAPPUCCINO
Kaffee mit einer Haube aus Schlagsahne
oder heißer schäumender Milch

CAFFÈ CORREZIONE GRAPPA – MALENKOFF
Kaffee mit Grappa ruta

CAFFÈ ALLA BORGIA
Kaffee mit Aprikosenschnaps und einer Prise Zimt

CAFFÈ CORREZIONE FERNET BRANCA
Kaffee mit Fernet Branca

CAFFÈ DECAFFEINIZZATO
Koffeinfreier Kaffee

CIOCCOLATA
Schokolade

Redewendungen deutsch–italienisch

Beim Betreten des Lokales

Ich möchte etwas essen	Vorrei mangiare qualcosa
Ich möchte etwas trinken	Vorrei bere qualcosa
Was haben Sie zu essen?	Che cosa avete da mangiare?
Kann man hier ein Menü essen?	Si può mangiare alla carta?
Wir brauchen vier Plätze!	Abbiamo bisogno di quattro posti!
Sind diese Plätze noch frei?	Sono ancora liberi questi posti?
Gestatten Sie, daß ...?	Permette ...?

Bestellung

Wer bedient hier?	Chi serve qui?
Kellner!	Cameriere!
Bringen Sie mir die Speisekarte!	Mi porti la lista!
Was empfehlen Sie mir?	Che cosa mi raccomanda?
Ich habe großen Hunger	Ho una gran fame
Ich habe großen Durst	Ho una gran sete
Was ist fertig?	Che cosa c'è di pronto?
Bringen Sie mir ...	Mi porti ...
Ich möchte ...	Vorrei ...
Ich nehme ...	Prendo ...
Ich nehme lieber ...	Preferisco ...
Bitte Brot (Brötchen)!	Per favore pane (panini)!
Bitte Wasser!	Acqua, per favore!
Geben Sie mir das Salz (Pfeffer), bitte!	Mi favorisca il sale (pepe)!
Bitte einen Teller für das Kind!	Prego un piatto per il bambino!
Bitte (noch) zwei Tassen Kaffee!	Per favore (ancora) due caffè!
Was für Bier haben Sie?	Che birra avete?

Fleisch

Ich möchte das Fleisch gut durchgebraten	Vorrei la carne ben cotta
Ich möchte das Fleisch halb durch (englisch)	Vorrei la carne al sangue (all'inglese)
Ich möchte das Fleisch mager	Vorrei la carne magra
Ich möchte das Fleisch mit/ohne Soße	Vorrei la carne con/senza salsa

Fisch

Ich möchte den Fisch gebacken	Vorrei il pesce fritto
Ich möchte den Fisch gekocht	Vorrei il pesce cotto
Ich möchte den Fisch gegrillt	Vorrei il pesce alla griglia

Wein

Was für Wein haben Sie?	Che vino avete?
Geben Sie mir bitte die Weinkarte	Mi dia la lista dei vini, per favore
Ich möchte einen guten hiesigen Wein	Vorrei un buon vino locale
Bringen Sie mir einen guten offenen Wein	Mi porti un buon vino sciolto
Bringen Sie einen guten Flaschenwein	Mi porti un buon vino in bottiglia
Bringen Sie mir einen Viertelliter	Mi porti un quarto
Bringen Sie mir eine Flasche ...	Mi porti una bottiglia di ...

Reklamationen

Hier fehlt ein Teller	Qui manca un piatto
Ich habe kein Messer	Mi manca il coltello
Ich habe keine Gabel	Mi manca la forchetta

Ich habe keinen Löffel	Mi manca il cucchiaio
Dieses Gericht schmeckt mir nicht	Questa pietanza non mi piace
Dieses Gericht ist ungenießbar	Questa pietanza non è mangiàbile
Nehmen Sie es zurück	Lo riprenda
Ich habe ... bestellt	Ho ordinato ...
Ich habe nicht bestellt ...	Non ho ordinato ...
Hier liegt ein Versehen vor!	Quì c'è un errore!
Ich möchte den Wirt sprechen	Vorrei parlare col padrone

Rechnung

Kellner, (ich möchte) zahlen, bitte!	Cameriere, il conto, per favore!
Wieviel kostet es?	Quanto costa?
Das (Trinkgeld) ist für Sie!	Questa (mancia) è per Lei!
Ist das Trinkgeld im Preis enthalten?	Il servizio è compreso?

Sonstiges

Ja, bitte	Si, prego
Nein, danke	No, grazie
Ist hier in der Nähe ein gutes, nicht zu teures Restaurant?	C'è qui vicino un buon ristorante non troppo caro?
Ich habe keinen großen Appetit	Non ho un grande appetito
Wo sind die Toiletten?	Dove sono i gabinetti?

Zahlen

Null, eins, zwei, drei, vier, fünf, sechs, sieben, acht, neun, zehn	zero, uno, due, tre, quattro, cinque, sei, sette, otto, nove, dieci

Vorspeisen

In Italien muß man italienisch essen, wenn man dieses schöne Land wirklich kennenlernen will. Man kann sich sorglos mit der italienischen Küche einlassen und so eine abenteuerliche Entdeckungsreise unternehmen.

Am besten beginnt man mit einem appetitanregenden aperitivo. Campari, Wermut, Sherry und Portwein sind die gebräuchlichsten Getränke vor dem Essen; aber man kann auch einen Sambucca, Pernod oder Ouzo (Anis) nehmen. Sie regen den Gallenfluß an.

In südländischen Restaurants bestehen Mittag- und Abendessen aus mehreren Gängen. Bei einer Zusammenstellung des Menüs läßt man möglichst die ›antipasti‹ nicht aus. (Sie haben nichts mit Abneigung zu tun: ›ante‹ bedeutet vor und ›pasto‹ Mahlzeit).

Antipasti sind einfache oder raffinierte Vorgerichte, die zum eigentlichen Meisterwerk hinführen und die verhindern, daß man das Menü nur ißt, anstatt es auch zu genießen. Auch der hungrige Tourist wird sie also im Hinblick auf die weiteren Gänge mit angemessener Zurückhaltung zu sich nehmen, selbst wenn der Hors-d'œuvre-Wagen mit vierzig und mehr Sorten der verlockendsten Appetithappen beladen ist.

Zur Normalausstattung gehören Oliven, Artischocken, eingelegte Pilze oder Paprika, Krabben, Sardinen, Sardellen, Thunfisch, Geflügel, Gemüse, Parmaschinken und Wurst.

Einfachere Restaurants bieten grünen Salat, frische Tomaten, Oliven, Salami und Schinken an. Oft sind diese gemischten Vorspeisen (antipasti assortiti) bereits mit Essig, Öl und Kräutern angemacht. Sie können ausgezeichnet sein. Der Genuß von grünem Salat wird wegen der üblichen Kopfdüngung allerdings um so problematischer, je weiter man nach Süden kommt.

Acciughe e burro   Sardinen und Butter

Affettato misto   Aufschnitt aus verschiedenen Wurstsorten sowie rohem und gekochtem Schinken

Antipasti vari   Verschiedene Vorspeisen

Antipasto assortito – Antipasto misto   Vorspeisenteller mit eingelegten Gemüsen, Oliven, Fisch, Wurst und Schinken

Bistecca alla tartara – Bistecca cruda   Tartar mit Eigelb und Sardellen

Bottarga   Thunfisch- oder Meeräscheneier, die getrocknet mit Zitrone und Öl angerichtet oder frisch mit Ei vermischt gebraten werden

Bresaola di Morbegno   Luftgetrocknetes Pökelrindfleisch aus Morbegno (Veltlin)

Vorspeisen

Capocollo Geräucherte, stark gewürzte Salami

Carciofini, olive e funghi Eingelegte Artischocken-
herzen, Oliven und Pilze

Carrello degli antipasti oder **antipasto al carrello**
Verschiedene Vorspeisen vom Hors d'œuvre-Wagen

Caviale del volga – Caviale russo malossol Russischer
Kaviar, Malossol (wenig gesalzen)

Cianchetti all'olio e limone – Sogliola Kleine Seezunge mit Öl und Zitrone

**Cipolle all'aceto – Cipolle in agrodolce – Cipolline in
agrodolce** Zwiebelchen in süßsaurer Soße (manchmal
mit Tomaten eingelegt)

Coppa Ausgelöster Schweinehalsgrat, gepökelt und geräuchert oder luftgetrocknet

Crudezze – Piatti vegetali – Insalata di verdure crude
Rohkostplatte: verschiedene geraspelte rohe Gemüse,
wie Karotten, Sellerie, Rotkraut, Tomaten, Zucchini und
dazu entweder Remouladen- oder Salatsoße

Culatello Bester luftgetrockneter Nußschinken, ohne
jedes Fett

Fagiolini toscani al pomodoro Grüne Bohnen und
Tomaten, in Öl gepfeffert und gesalzen

Foie gras di Strasburgo – Pasticcio di fegato d'oca
Straßburger Gänseleberpastete

Filetti d'aringa agrodolci Heringsfilets, süßsauer eingelegt

Filetti d'aringa marinati   Marinierte Heringsfilets

Finocchiona toscana   Schmackhafte Wurst, mit Fenchelsamen gewürzt

Fongadina   Pastete mit Zunge, Zwiebeln, Milz, Herz, Niere, Leber, Euter und Pilzen

Galantina   Fleischstücke, Eier, Zunge, Schinken, Geflügel in Aspik

Gamberetti, peoci, vongole, tonno, sardine, acciughe, moscardini   Krabben, kleine Muscheln, Thunfisch, Sardinen, Sardellen, kleine Tintenfische

Gamberoni imperiali olio e limone   Große Garnelen, Öl und Zitronen

Granzeola alla veneziana   Seespinne, mit Zwiebeln in Öl und Weißwein gedünstet

Insalata di cipolle e acciughe   Zwiebelsalat mit Sardellen (Spezialität aus dem Latinum)

Insalata di lattughe e finocchi   Kopfsalat und Fenchel (Sizilien)

Insalata di mare   Verschiedene eingelegte Meeresfrüchte (Schalentiere)

Insalata di melanzane   Gegrillte, mit Knoblauch eingelegte Auberginenscheiben

Insalata di muso di bue   Ochsenmaulsalat

Insalata di petto di bue   Salat von gekochter Ochsenbrust

Insalata di radicchio alla vicentina   Violett-weiß gestreifter Salat, mit Speck angemacht

Insalata di rinforzo Salat zur Stärkung: gekochter Blumenkohl, grüne und schwarze Oliven, Sardellen, Sardinen, Peperoni und Kapern (Spezialität aus Kampanien/Neapel)

Insalata di tartufi Salat aus Trüffelscheibchen in einer Tunke aus Zitronenmayonnaise und Sardellenpaste

Insalata russa Kartoffelsalat mit grünen Erbsen, Bohnen, Karotten, Blumenkohl, Roten Rüben, Sardellen, Ei, Kapern, Thunfisch und Mayonnaise

Insalata verde mista Gemischter Salat, Gurken, Zucchini, grüne Tomaten, Blattsalat

Lumache alla romana Schnecken in einer mit Ingwer gewürzten Tomatensoße

Magri assortiti Verschiedene Fleisch-, Wurst- und Schinkensorten, die aber nicht nur ›mager‹ sind, wie man nach der Bezeichnung annehmen müßte

Mocetta Geräucherter Gemsschinken

Mortadella Große Wurst aus Schweinefleisch mit Pistazien

Mortadella di Campotosto Mortadella, etwas trockener, mit Knoblauch gewürzt

Muscoli alla marinara Muscheln nach Matrosenart, in einer Soße mit Knoblauch, Wein, Zwiebeln, Lorbeerblatt, Petersilie, Thymian, Tomaten und Pfeffer

Ostriche tartufi Austern mit Trüffeln

Paté alla casa Pastete nach Art des Hauses

Prosciutto cotto   Gekochter Schinken

Prosciutto crudo e fichi   Roher Schinken mit eisgekühlten frischen Feigen

Prosciutto crudo e melone   Roher Schinken mit eisgekühlter Melone

Prosciutto di montagna   Bergschinken

Prosciutto di Parma   Roher Schinken aus Parma

Prosciutto e salami locali   Schinken und Wurst vom Ort

Prosciutto San Daniele   Roher, zarter und rosiger Schinken, der herrlich zu frischen Feigen oder Melonen schmeckt

Ricci – Castagnola   Seeigel, von dem man nur die sehr schmackhaften orange- bis violettfarbenen Geschlechtsdrüsen ißt

Rossetti lessi   Feine, kleine Rotbrassen

Salame amatriciano – Salame di Campotosto   Wurst aus den Abruzzen

Salame di fegato (fegheto)   Leberwurst

Salame di cinghiale   Wurst vom Wildschwein

Salame di Cremona   Wurst aus Cremona

Salame toscano   Salami aus der Toskana

Salmone affumicato   Räucherlachs

Salmone svedese con burro e toast Räucherlachs mit Butter und Toast

Salsiccia con pancetta e formaggio Schweinsbratwurst, mit Speck und Käse gebraten

Sopressata toscana Schweinskopfsülze mit Zunge, Pistazien, Pfeffer und feinen Gewürzen

Sopressate Große ovale Würste aus getrocknetem Fleisch, mit Ingwer gewürzt und in Öl eingelegt

Tartufi di porto venere Trüffeln in altem Portwein

Tonno sott'olio Thunfisch in Öl

Uova al pomodoro Frische Tomatenhälften mit Ei, Kapern und Sardellenringen

Suppen und andere Zwischengerichte mit Vorspeisencharakter

Für viele Feinschmecker ist ein Menü ohne Suppe nichts wert. Allerdings belastet die tägliche Suppe den Kreislauf; sie macht dick. Doch schmeichelt sie dem Magen und bereitet ihn gut auf den nächsten Gang vor.

In der Toskana ißt man die Suppe oft vor den antipasti. Im übrigen Italien werden die Suppen wie bei uns vor dem ersten Hauptgang serviert.

Erwähnenswert ist besonders die altbekannte ›minestrone‹. Sie wird kalt oder warm serviert. Die ›minestrone alla milanese‹ besteht aus verschiedenen frischen Gemüsen, wie Mohrrüben, Erbsen, Blumenkohl, Sellerie, Porree, Zwiebeln, Knoblauch und den Gewürzen Thymian, Majoran, Basilikum und Petersilie. Basis ist eine Bouillon, die mit Tomatenmark oder Käse abgeschmeckt wird. Eine Version mit weißen vorgekochten Bohnen oder die ›minestra veneziana‹ sind nicht weniger schmackhaft, wenn auch etwas schwerer. Die ›minestra

veneziana‹ ist mit Speck, Kalbsfüßen, Leber und ange-
bratenem Fleisch fast als Hauptgericht zu betrachten
und mittags sicher bekömmlicher als abends.

Zu den Zwischengerichten mit Vorspeisencharakter gehören auch Teigwaren-, Reis- und Maisgerichte. Sie
werden oft anstelle der Suppe genommen, können aber
auch gelegentlich als Hauptgericht genügen. In dieses
umfangreiche Kapitel gehören ›pasta‹, ›polenta‹ und
›risotto‹. Allein über das Thema ›pasta asciutta‹, d. h.
über Teigwaren wie ›maccheroni‹, ›spaghetti‹, ›canne-
loni‹ oder ›ravioli‹ ließe sich ein ganzes Buch schreiben;
es gibt in Italien etwa 300 Arten davon, teils mit, teils
ohne Füllung. Fleisch ißt man übrigens in Italien nicht
in Verbindung mit Teigwaren, das Hackfleisch in der
Füllung oder in der Soße natürlich ausgenommen.

Die ›paste‹ sind in Italien so weit verbreitet, weil sie relativ billig und recht bekömmlich sind. Sie werden im
Norden des Landes mit Eiern und überwiegend als
Bandnudeln hergestellt. Im Süden haben sich die leich-
teren röhrenförmigen Nudelarten durchgesetzt, die meist
ohne Eier hergestellt werden. Unter ihnen sind wohl die
›spaghetti‹ und ›maccheroni‹ am bekanntesten.

Wie der Nudelteig von Norden nach Süden leichter
wird, werden die Gewürze für die Füllungen der Teigtaschen und für die Soßen und Ragouts schärfer.

Ein ähnlicher Zusammenhang zwischen Eßgewohnheiten und klimatischen Bedingungen besteht auch bei der
Verwendung von Butter und Olivenöl: Im Norden Italiens gibt es saftige Wiesen und damit eine bedeutende
Viehwirtschaft. Dort wird meist Butter verwendet. Im
trockenen, kargen Süden nimmt man mehr Olivenöl
zum Kochen.

Eine wichtige Rolle auf der italienischen Speisekarte
spielt der Reis. Italien ist der bedeutendste Reiserzeuger
Europas. Im Norden des Landes wächst das hochwer-
tige Nahrungsmittel in sehr guter Qualität. Es soll in

Italien bereits im 12. Jahrhundert bekannt gewesen sein. Reisgerichte wie ›risotto alla milanese‹ oder ›risotto alla siciliana‹ sind in der ganzen Welt bekannt.

Der italienische Mais wird vor allem für ›polenta‹ verwendet, die Hauptspeise der alten Römer. In der Blüte des römischen Weltreiches machte man polenta allerdings noch nicht aus Mais, sondern aus Hirse oder Weizen. Brot war den Römern unbekannt. Man konnte damals das Korn noch nicht fein genug mahlen.

Agnellotti alla casareccia Teigklöße mit Fleischfüllung

Agnoulet casalinghi Gefüllte Teigtaschen nach Hausfrauenart

Bigolo alla chitarra In den Abruzzen gibt es in jedem Bauernhof ein Gerät, ähnlich einer Gitarre, mit über Holz gespannten Eisendrähten; mit den Drähten wird der Nudelteig zerschnitten; die so entstandenen Nudeln werden mit einer Fleischsoße und Parmesan angerichtet; in vielen Restaurants findet man Nudelgerichte ›alla chitarra‹

Bucatini alla matriciana Nudeln, mit geräuchertem Bauchspeck und Öl angerichtet (manchmal dazu noch Tomatensoße und Käse)

Bucatini alle melanzane Kurze Makkaroni, Tomaten und Auberginen, überbacken mit Mozzarellakäse

Cannelloni ripieni estivi Teigröhren mit einer Fülle aus geschälten Tomaten, frischen Rübenblättern, frischen Kräutern, Basilikum, Muskatnuß, Schafkäse und Pfeffer

Cappelletti mantovani Kleine Teighütchen in einer Soße aus gekochtem Rindfleisch, Würstchen, Speck, Schweinelende und Parmesan

Coda di canguro   Känguruhschwanzsuppe

Consomé ›celestina‹ (con frittatina tagliata a striscie)
Kraftbrühe mit in kleine Streifen geschnittenen Pfann-
kuchen

Consomé di pollame   Hühnerkraftbrühe

Crema di piselli   Erbsencremesuppe

Cuscusu   Fischsuppe mit Teigwaren oder Grieß

Doppio consomé in tazza   Kraftbrühe in der Tasse

Fettuccine alla buranello   Feine Bandnudeln mit einer
Soße aus Seezungenfilet, Krebsen, mit Weißwein und
Sahne übergossen und im Ofen überbacken

Fettuccine alla romana   Bandnudeln mit einer Soße aus
Butter, Eiern, Sardellen und Käse

Fettuccine del ghiottone   Eierbandnudeln für Feinschmecker, entweder mit Butter und Käse oder in Tomatensoße und Fleischragout

Fettuccine fatte in casa   Hausgemachte Eierbandnudeln

Fettuccine mantecate al triplo burro   Feine Bandnudeln mit Sahne und viel Butter

Fusilli alla carbonara   Nudeln mit gepökeltem Bauchspeck, Eiern und Käse

Gnocchi alla cadorina   Kartoffelklößchen mit geräuchertem Ziegenmilchquark

Gnocchi alla casentina – Gnocchi di spinaci e ricotta
Nocken aus Spinat, Eiern, Quark und Mehl, mit brauner
Butter begossen und mit geriebenem Käse bestreut

Gnocchi alla fontina Grießteignocken mit geriebenem Fontinakäse

Gnocchi alla romana Grießteignocken, im Rohr mit Käse und Butter überbacken

Gnocchi al pesto Kleine Mehlteignocken, die mit Pesto-Soße (siehe S. 91) serviert werden

Gnocchi con sugo di gallo Grießteignocken in Hühnerbrühe mit Hühnerfleisch

Gnocchi di patate Kartoffelbällchen mit Käse

Gnocchi di mais – Gnocchi di polenta Kleine Nocken aus festem Maisbrei mit Tomatensoße und geriebenem Parmesan

Lasagne mantecate Breite Bandnudeln, im Ofen mit Sahne und Käse überbacken

Maccheroni zita al pomodoro fresco Kurze Makkaroni mit einer Soße aus frischen Tomaten

Malloreddus Kleine Grießteignocken, mit Safran gekocht, mit einer pikanten Soße und Pecorino-Käse serviert

Maltagliati al sugo di stracotto Nudeln in Fleischbrühe

Minestra di riso con brodo di pesce Reis in Fischbrühe mit Lorbeer, Knoblauch, Sellerie und Tomatensaft

Minestrone alla paesana Gemüsesuppe auf ländliche Art

Minestrone freddo Eisgekühlte Gemüsesuppe

Orecchiette mantecate Nudelgericht mit Tomatensoße, Sardinen und Rüben

• **Nidi di rondini** Suppe aus Nestern von Meerschwalben

Pallottole di spinaci Teigtaschen mit Spinatfülle, mit Käse überbacken

Pantungoli alla baita Mais, mit Milch gekocht und mit geräuchertem Quark überbacken

Panzotti Teigringe mit Gemüsefüllung, mit einer Nußsoße übergossen

Panzarottini alla romana Kleine Teigtaschen mit Käse und Butter, manchmal im Rohr überbacken mit Ei, Sardellen und verschiedenen Zutaten

Pappardelle al sugo di lepre Eierteigflocken, in einer feingewürzten Hasenbrühe gekocht, mit einem Ragout aus Hasenfleisch und Haseninnereien

Passatelli alla bolognese Kleine Nocken, bestehend aus Semmelbröseln, Ochsenmark, geriebenem Parmesan und Eiern, in Fleischbrühe gekocht

Passatelli consomé Geriebener Teig in Kraftbrühe

Passato di asparagi alla doppia crema e paidore Spargelcremesuppe mit Paidore (Käse)

Pasta asciutta alla calabrese Eierteigwaren in dicker Tomatensoße, mit Ingwer gewürzt

Pasta e fagioli alla toscana Makkaroni und weiße Bohnen in Öl mit Salz und Pfeffer

33

Pasta e fagioli con zampette e cotechini (cotiche) di maiale – Pasta e fagioli alla napoletana Weiße Bohnen mit Nudeln und Schweinswürsten

Pasticcio di lasagne verdi Grüne Nudelflecke, in der Form mit Käse und Sahne überbacken

Penne all'arrabbiata Kurze, dicke Teigröhrchen mit scharfer Pfefferschotensoße

Penne al peperone Kurze Makkaroni mit grünen Paprikaschoten

Pilaf di pollo al curry Curry-Reis mit Huhn

Pincigrassi Pastete aus Nudelteigblättern, die abwechselnd mit Ragout, Käse und holländischer Soße in eine Form geschichtet und im Ofen überbacken werden

Polenta con le spruntature di maiale Maisbrei mit Schweinefleischstückchen

Polenta con sugo di maiale Fester Maisbrei mit Schweinefleischsoße

Polenta oncia Maisbrei, abwechselnd mit Käse geschichtet und im Ofen überbacken

Polenta tartufata al formaggio Maisbrei mit Trüffeln und Käse

• **Polenta e osei** Maisbrei mit gebratenen Vögeln

Polenta tocc Maisbrei, stundenlang gekocht, wobei immer wieder Butter und Käse dazugegeben werden (schwer, aber nahrhaft)

Pomodori col riso Tomaten mit Reis gefüllt

Quadretti e fegatini Nudeln und Hühnerleber

Quadruzzi in brodo di pollo   Teigfleckchen in Hühnerbrühe

Ravioli al sugo di carne   Gefüllte Teigtaschen in Fleischsoße

Ravioli in brodo   Gefüllte Teigtaschen in Fleischbrühe

Recchietelle pugliesi   Kleine Teigöhrchen in einem Ragout aus Öl, Schweinefett, Basilikum, Tomatenmark, verschiedenen Fleischsorten, Zwiebeln, Pfeffer und Käse

Rigatoni alla carbonara   Kurze Makkaroni, vermischt mit Schinken, Wurst, Eigelb, Parmesan, Pfeffer und Sahne

Rigatoni alla norcina   Teighörnchen mit Fleischsoße

Rigatoni con pagliata   Teighörnchen mit einem schmackhaften Ragout aus Rinderdarm

Risi e bisi   Reis mit jungen Erbsen, Schinken, Zwiebeln, Petersilie und Käse

Riso ai gamberi   Körniger Reis mit einer Soße aus kleinen Krebsen, Knoblauch, Öl, Tomatenmark, Weißwein, Pfeffer, manchmal mit Pilzen und Erbsen

Riso ai calamaretti   Reis mit kleinen Tintenfischen, Knoblauch, Zwiebel und Schafkäse

Riso all'anatra – Riso con l'anitra   Reis in einer Soße mit Entenfleisch und Innereien gekocht

Riso arrosto alla genovese   Reis, mit Erbsen, Pilzen, Käse, Zwiebeln und Wurst im Ofen gebacken

Riso in brodo e fegatini   In Fleischbrühe gekochter Reis mit Hühnerleber

Riso punte asparagi zucchini Reis mit Spargelspitzen und kleinen Kürbissen

Risottino al salto Reis mit Paprika und Erbsen

Risotto al coniglio Risotto mit Kaninchenfleisch, Speck, Tomaten, Käse und Basilikum

Risotto alla certosina Safranreis mit Petersilie, geriebenem Käse und Froschschenkeln

Risotto alla genovese Risotto mit Rindfleisch, Hirn, Zwiebeln, Petersilie, Rindermark, Safran und Käse

Risotto alla paesana Reis mit Kartoffeln, Karotten, Stangensellerie, Erbsen, Bohnen, Tomaten, Zwiebeln, Speck und Wurst

Risotto alla parmigiana Reis mit Parmesan und Butter

Risotto alla piemontese Reis mit Huhn, Zwiebeln, Petersilie, Basilikum, Tomatenmark, Champignons und Parmesan

Risotto all'ungherese Reis mit Paprika und Hackfleisch oder Salami

Risotto al prosciutto Reis mit gekochtem Schinken, Käse, Tomaten, Zwiebeln, Erbsen und Butter

Risotto con carciofi Reis mit Artischocken, Speck und Parmesan

Risotto con funghi Reis mit Steinpilzen, Zwiebeln, Knoblauch, Petersilie und Parmesan

Risotto con scampi Reis mit Garnelenschwänzen, Zwiebeln, Parmesan, Petersilie und etwas Cognac

Risotto con le seppie Reis mit Tintenfisch, Knoblauch, Zwiebel, Petersilie und Tomatensoße oder ohne Tomatensoße, dafür aber mit der Tinte des Fisches; dann nennt man das Gericht auch ›risotto nero‹

Risotto con le vongole Reis mit Muscheln, Knoblauch, Petersilie, Öl und Butter

Risotto con quaglie Reis mit Wachteln

Risotto Milanese Reis, mit Safran und Bouillon gekocht, mit geriebenem Käse und einer sehr delikaten Soße aus Hühnerleber, Pilzen, Bries und Knochenmark serviert

Risotto tartufato Reis mit geriebenen weißen Trüffeln

Sfogliato di vitello alla panna Blätterteigpastete mit Kalbfleischstückchen in Sahnesoße gefüllt

Spaghetti al cacio e pepe Spaghetti, mit Schafkäse und viel Pfeffer angerichtet

Spaghetti aglio olio – Spaghetti alla prestinara Spaghetti nach Bäckerart mit Knoblauch, Öl und manchmal Tomaten

Spaghetti ai muscoli Spaghetti mit Muscheln

Spaghetti alla bolognese Dünne Spaghetti mit einer Fleisch-, Schinken-, Tomatensoße mit Zwiebeln, Butter und vielen Kräutern

Spaghetti alla boscaiolo – Spaghetti alla zappatora Spaghetti, nach Holzfäller- oder Bauernart mit Knoblauch zubereitet; sie werden sehr scharf mit viel Pfeffer gegessen

37

Spaghetti alla matricana Spaghetti mit einer Soße aus Tomaten, Zwiebeln, roten Paprikaschoten, Knoblauch, Schweinespeck und Parmesan oder Pecorine-Käse

Spaghetti al burro Spaghetti mit Butter und Parmesan

Spaghetti alla panna Spaghetti mit einer Soße aus Tomaten, Schinken, Pilzen und Sahne

Spaghetti alle cozze in bianco Spaghetti in Muscheln in Fleischbrühe und Weißwein

Spaghetti al pomodoro Spaghetti mit Tomatensoße

Spaghetti al ragu Spaghetti in Fleischsoße

Spaghetti al sugo di trote con olive Spaghetti mit einer Soße mit Forellenfleisch und Oliven

Spaghetti al tonno Spaghetti mit Thunfisch in Öl, Butter und Petersilie

Spaghetti carbonara Spaghetti mit Schinken, Erbsen, Ei und Käse

Spaghetti con peoci Spaghetti mit einer Soße aus Weißwein, Öl, Knoblauch, Salz, Pfeffer, Butter, Petersilie, Mehl, Zwiebeln und Peoci (kleine Muscheln)

Spaghetti con piselli Spaghetti mit Öl, Schinken, Parmesan, Erbsen, Sellerie, Zwiebeln, Speck und Pfeffer

Spaghetti con acciughe Spaghetti mit eingelegten Sardellen, Butter, Öl und Tomatensoße

Spaghetti con vongole Spaghetti mit einer Soße aus Tomaten, Zwiebeln, Butter, Knoblauch, Öl, Petersilie und ›vongole‹ (kleinen Muscheln)

Spaghetti marinara Spaghetti mit Tomaten, Zwiebeln, Knoblauch, Origano, Schinken, Sardellen und geriebenem Parmesan

Stracciatella consomé Kraftbrühe mit Nudeln, deren Teig mit geriebenem Käse und Muskatnuß gewürzt wurde

Suppli al ragú – Suppli di riso alla romana Bällchen aus gekochtem Reis und Ei werden entweder mit einem Löffel Fleischragout gefüllt und in der Pfanne gebraten bzw. gebraten und mit Fleischragout übergossen

Suppli al telefono Bällchen aus gekochtem Reis, Ei und Käse; der Käse schmilzt während des Kochens und zieht Fäden

Tagliatelle ai funghi Dünne Nudeln mit Pilzen und Sahne-Käse-Soße

Tagliolini di casa in brodo Hausgemachte Suppennudeln in Fleischbrühe

Tagliolini alla ciociara con piselli e funghi Nudeln nach Bauernart, mit einer Soße aus Speck, Schinken, Wurst, Erbsen und Pilzen

Tagliolini in brodo Kleine Suppennudeln in Fleischbrühe

Timballo di zita Nudelauflauf

Tonnarelli con funghi Kleine, dünne Nudelsorte mit Pilzen

Torta pasqualina Blätterteigtorte, mit Spinat, Artischocken, Eiern, Milch und geriebenem Käse gefüllt

Tortellini alla panna   Kleine, mit Fleisch gefüllte Teigtaschen mit Rahm und Käse

Tortellini alla panna e tartufi   Gefüllte Teigtaschen mit Sahne, Käse und Trüffeln

Tortellini burro e piselli   Kleine gefüllte Teigringe mit Butter und Erbsen

Tortellini in brodo   Kleine, mit Fleisch gefüllte Teigtaschen in Fleischbrühe

Tortiera barese   Auflauf aus Kartoffeln, Zucchini, Zwiebeln, Muscheln, Reis, Petersilie, Knoblauch, Tomaten und Schafkäse im Ofen überbacken

Trenette al pesto   Bandnudeln mit Pesto-Soße (siehe Seite 91)

Vellutina – Vellutata di pomodoro, paidore a piacere Tomatencremesuppe mit Paidore-Käse nach Wunsch

Vincisgrassi   Blätterteigpastete, mit Fleischragout gefüllt

Zuppa di cavolo verza   Wirsingsuppe mit Schweinebauch und Käse

Zuppa di cipolle gratinate   Zwiebelsuppe, mit Käse überbacken

Zuppa di datteri alla viareggina   Suppe mit Dattelmuscheln, Öl, Pfeffer, Knoblauch und Tomaten

Zuppa di vongole e peoci alla marinara   Muschelsuppe mit Tomaten, Knoblauch und Wein

Zuppa di fagioli   Suppe von weißen Bohnen

Zuppa di fagioli alla toscana Suppe aus Rotkohl, Bohnen, Zwiebeln, Knoblauch, Tomaten, etwas Schweinebauch mit gerösteten Brotscheiben

Zuppa di goulasch Goulaschsuppe

Zuppa di tartaruga Schildkrötensuppe

Zuppa di trippa Suppe mit kleingeschnittenem Speck, Zwiebeln, Tomaten, Kartoffeln, Sellerie und Kutteln

Zuppa di verdura Gemüsesuppe

Zuppa grassa alla lamonese Bohnen aus Lamon (Dolomiten) mit Speckschwarte, Schweinsfüßen und Wurst gekocht

Zuppa pavese Bouillon mit einer gerösteten Weißbrotschnitte und einem Ei, gepfeffert, gesalzen und mit geriebenem Käse bestreut

Zuppa pinne di pescecane Haifischflossensuppe

Zuppa verdure e trippa Gemüsesuppe mit Kutteln

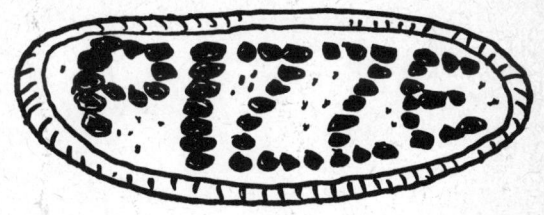

Pizzen

Calzone alla napoletana Ähnlich wie Pizza, nur auch mit Teig bedeckt, gefüllt mit Schinken, Mozzarella, Salami, Salz und Pfeffer

Calzone alla romana Calzone mit Schinken, Mozzarella, Salz und Pfeffer

Pizza ai frutti di mare Pizza mit Muscheln und Tomaten

Pizza alla marinara Pizza mit Tomaten, Muscheln und Knoblauch

Pizza alla napoletana Pizza mit Mozzarella, Sardellen, Tomaten und Origano

Pizza alla perugina Pizza, mit Gruviera (Gruyère-Käse), Schinken, Butter und geschlagenen Eiern belegt und überbacken

Pizza alla pizzaiola Pizza mit Tomaten, Basilikum und Knoblauch

Pizza alla sardanara Pizza mit Sardinen, Tomaten, Oliven, Sardellen und Knoblauch

Pizza alle cozze Pizza, belegt mit Miesmuscheln, Tomaten, Petersilie, Pfeffer und Origano

Pizza alle quattro stagioni Pizza der vier Jahreszeiten, mit Oliven, Pilzen, Tomaten, Zwiebeln und Schinken

Pizza all'occhio di bue Pizza mit Ei (Ochsenaugen) und Tomaten

Pizza al prosciutto Pizza mit gekochtem Schinken und Mozzarella

Pizza con formaggio di jesi Pizza mit einem Belag aus Parmesan, Eiern, Pecorino (Schafkäse), Olivenöl, Salz und Pfeffer

Pizza con funghi Pizza mit Sardellen, Pilzen, Tomaten und Zwiebeln

Pizza di carne e patate al forno Für diese Pizza wird anstelle von Hefeteig eine Schicht von in Scheiben geschnittenen, gekochten Kartoffeln verwendet; die Pizza wird mit einer Mischung aus Hackfleisch, Eiern, Öl, Salz, Pfeffer und Muskatnuß belegt, mit geriebenem Parmesan und Butterflocken bestreut und im Rohr gebacken

Pizza di scarola Pizza mit Endivien, schwarzen Oliven, Pinienkernen und Sardellen

Pizza rustica Pizza mit Gemüse, Quark und Wurst

Eiergerichte

Eier kommen in Italien fast immer frisch auf den Tisch und sind von Hennen gelegt, die man nicht in ›Zuchthäusern‹ gedopt hat.

Frittata Omelett

Frittata alla genovese Eierkuchen aus einem Teig mit Eiern, eingeweichtem Weißbrot, geriebenem Parmesan, gehacktem Gurkenkraut (Borretsch, ›borrana‹, etwas Knoblauch und Majoran

Imbrogliata di uovo con pomodori Eier, mit Speck und Tomaten gebraten

Omelette di patate e maiale Verquirlte Eier, mit kleinen Kartoffelstückchen und magerem Schweinefleisch gebraten

Omelette alla Dubarry Omelette, mit Spargelstücken, Trüffelscheiben und Artischockenböden gefüllt

Omelette reale Omelette, mit frischen, in Butter gedünsteten Trüffeln gefüllt

Uova affogate Verlorene Eier, mit grüner Soße, Sardellen, Kapern oder Tomaten serviert

Uova al guscio – Uova alla coque – Uova da bere Weiche Eier

Uova al midiollo In Butter gebratene Weißbrotscheiben mit Spiegelei, Ochsenmark und Trüffelscheiben belegt

Uova al piatto – Uova all'occhio di bue – Uova nel tegame Spiegeleier

Uova al prosciutto cotto Eier mit Schinken

Uova con pancetta affumicata – Uova al bacon Eier mit Speck

Uova fritte alla creola Gebratene Eier mit Reis, kleinen Bratwürstchen und halbierten in Butter gebratenen Bananen

Uova ripiene Gefüllte Eier

Uova sode Hartgekochte Eier

Uova stracciate Verrührte Eier, in Butter kurz gebraten, dazu kommen Salz, Pfeffer und etwas Sahne; diese Rühreier werden auf in Butter gebratenen Weißbrotscheiben, mit geriebenem Käse bestreut, serviert

Uova strapazzate Rühreier

Fische und Meeresfrüchte

Wer seine Ferien am Mittelmeer verbringt und etwa Fische oder Schalentiere verschmäht, bringt sich nicht nur um einen echten Genuß, sondern auch um leichte, eiweißreiche und gesunde Kost. Auch sollte man nicht nur an Seezungen oder Forellen denken. Das Abenteuer beginnt bei Aalbrut, Scampi, Tintenfischen und Muscheln.

Die ›scampi‹ (Schlankhummer, mit Scheren) und die ›gamberi‹ oder ›gamberetti‹ (Garnelen, ohne Scheren) erfreuen sich mit Recht großer Beliebtheit. Besonders begehrt sind die roten, bis 22 cm langen Riesengarnelen, die mit dem Schleppnetz gefangen werden. Zwar nicht gerade billig, liegen sie im Preis doch unter der ›aragosta‹ (Languste, ohne Scheren) und dem ›astice‹ (Hummer, mit Scheren). Diese sollten nicht kalt mit Mayonnaise, sondern frisch gekocht und warm mit Butter übergossen versucht werden.

Sehr schmackhaft sind kleine gekochte Tintenfische oder gebackene Tintenfischringe. Sie zergehen, richtig zubereitet, fast auf der Zunge. Selten Glück hat man dagegen mit ›polpi‹ (Polypen, Kraken). Diese relativ großen Tiere sind meist recht zäh.

›Meeresfrüchte‹, besonders Austern und andere Muscheln, sollte der unerfahrene Gast in einem wirklich erstklassigen Haus an der Küste oder in einem Restaurant mit großem Umsatz probieren. Dabei hat es relativ wenig zu sagen, daß die Spezialitäten hier besonders teuer oder dort relativ billig sind. Preisunterschiede ergeben sich meist aus der Aufmachung des Lokals und sagen nicht viel über die Qualität des Essens aus, wenn man die renommierten Häuser internationaler Ordnung ausnimmt. Im übrigen wird man im unscheinbaren bürgerlichen Restaurant, in dem auch die Einheimischen essen, meist besser aufgehoben sein als im Speisesaal eines Touristen-Hotels.

Agoni al burro e salvia　Alse bzw. Maifisch (Heringsart), in Butter gebraten, mit Salbei gewürzt

Agoni alla marinara　Alse, in Mehl gewendet und in heißem Öl gebraten, mit einer Soße aus Essig, kleinen Zwiebeln, Öl, Petersilie, Weißwein, Zitronensaft, eingelegten kleinen Pilzen und eingelegten Sardellen

Aguglia fritte　Hornhecht, in Mehl gewendet und in heißem Öl gebacken

Alici al forno　Frische Sardellen, im Ofen mit Käse und geriebenem Brot gebacken

Aneletti gratinati　Tintenfischringe, mit Öl, Knoblauch, Salz, Pfeffer, Petersilie und Semmelbröseln im Ofen überbacken

Anguille del Caldaro　Aale aus dem Kalterer See, entweder gebraten oder in Essig, Öl, Salbei und Lorbeer eingelegt

Anguille del Lago Monticchio　Aale, gebraten oder gebacken und in Essig mit Knoblauch, Salbei und Rosmarin eingelegt

Anguille in umido con polenta Aal, mit Zwiebel, Salz, Pfeffer, Basilikum, Tomaten, Knoblauch, Öl, Butter und Petersilie gedünstet, dazu Maisbrei

Aragosta a piacere Languste nach Wunsch

Aragostine lessata Gekochte Languste mit Mayonnaise oder Kräutersoße

Aringhe alla greca Frische Heringe mit Muscheln, Pfeffer, Safran, Zwiebeln und Öl

Arrostita mista di pesce – Fritto misto Verschiedene gebratene Fische

Arselle alla toscana Archenmuscheln in einer Soße mit Tomaten, Salz, Knoblauch und Petersilie

Baccalá alla livornese Getrockneter Kabeljau (Stockfisch) in Tomatensoße mit Knoblauch und Petersilie

Baccalá alla vicentina Stockfisch, in Öl und Milch mit Zwiebeln, Knoblauch und Sardellen gedünstet

Baccalá mantecato Stockfisch, gekocht und mit Milch und Sahne verrührt

Boldro in salsa verde Gekochter Seeteufel mit Kräutersoße

Bottarga di tonno Thunfischeier, gebraten und mit Öl und Zitrone serviert

Brodetto all'anconetana Fischsuppe mit verschiedenen Fischen und Weißwein, Zwiebeln, Saffran, Salz und Pfeffer

Brodetto alla triestina Fischsuppe mit verschiedenen Fischen, mit Knoblauch, Tomatenmark, Zwiebel, Petersilie, Öl und ein wenig Essig

Caciucco alla livornese Fischgericht aus Tintenfischen, Aal, Muscheln, Garnelen, Seeteufel, Knoblauch, Zwiebeln, Origano, Sellerie, Tomaten, Weißwein, Salz und Pfeffer

Calamaretti fritti Tintenfischringe, in Mehl gewendet und in heißem Öl goldgelb gebacken

Calamari ripieni Tintenfisch, mit Ei, Semmelbröseln, Petersilie und Knoblauch gefüllt; gesalzen, gepfeffert, in Öl gebraten, mit Tomatensoße serviert

Capitone Großer, fetter Aal, in Stücken gebraten, manchmal in Essig mit Kräutern und Knoblauch eingelegt

Carpa con la birra Karpfen in einer Biersoße

Carpione al vino Karpfen mit Rotwein, Gemüse, Kartoffeln und Kräutern

Cassola Sehr aromatische Fischsuppe aus Sardinien

Cee alla salvia Ganz junge Aale (Aalbrut), in heißem Fett gebacken, mit Pfeffer und Salbei gewürzt

Cefalo al forno Meeräsche, mit Öl, Zitronensaft, Salz und Petersilie im Rohr gebraten

Cernia lessato Gekochter Sägebarsch

Ciriole fritte dorate Tiber-Aale in Ei und Mehl gewendet und gebacken

Cìuppin – Ciupìn – Ciuppi Fischsuppe mit Krebsen, Tintenfischen und gerösteten Weißbrotwürfeln

Coda di pescatrice al forno Schwanz vom Seeteufel, im Rohr gebacken

Coda di rospo ai ferri Schwanz vom Seeteufel, am Rost gebraten

Cozze alla marinara Muscheln im eigenen Kochsaft, mit Knoblauch und Ingwer gewürzt

Cozze gratinate Geöffnete Muscheln, mit Öl bespritzt, mit gehackter Petersilie, Knoblauch und Semmelbröseln bestreut und im Ofen überbacken

Datteri marinati Dattelmuscheln in einer Soße aus Essig, Öl, Salbei und Knoblauch

Dentice lessato Gekochte Zahnbrassen

Filetti di merluzzo al cartoccio Filets vom Seehecht, mit Kräutern gewürzt, in der Folie gebacken

Filetti di pesce persico alla milanese Filets vom Barsch, in Ei und Semmelbröseln gewendet, in Öl gebacken und mit Zitronenscheiben serviert

Filetti di san pietro fritti Filets vom Petersfisch, in Mehl, Ei und Semmelbröseln gewendet und in heißem Öl gebacken

Fritto misto mare Verschiedene Fischstücke und Schalentiere, in Teig getaucht und in Öl gebacken

Gamberi alla griglia Sandgarnelen vom Grill

Granchi caldi   Krebse, in einer Soße mit Butter, Marsala, Petersilie, Salbei, Lorbeerblatt, Salz und Pfeffer gekocht

Gran misto di pesce alla griglia   Verschiedene Fische vom Rost

Mazzancolli alla sanpolese   Krabben mit Paprika, Petersilie, Knoblauch und wildem Majoran gewürzt

Merluzzo fresco al forno   Frischer Seehecht, mit Zitronensaft und Petersilie gewürzt und im Rohr mit Käse überbacken

Moscardini alla pescatora   Kleine Moschuskraken, nach Art der Fischer gebraten

Nasello alla ligure   Schellfisch mit einer Soße aus Öl, Mehl, Knoblauch, Petersilie, Salz, Pfeffer und Eigelb

Nasello alla maggiordomo   Schellfisch nach Hofmeister-Art, mit Ei und Semmelbröseln paniert, langsam in Butter gebraten und mit gebratener Petersilie serviert

Ombrichelli   Kleine, sehr schmackhafte Fische (Schattenfisch), meistens gegrillt oder gebraten

Ombrina arrosto   Schattenfisch (Barschart), gebraten, mit einer Soße aus Mehl, Butter, Eigelb, Weißwein, Knoblauch, Salz und Pfeffer

Orate alla nizzarda   Goldbrassen, in heißem Öl gebraten mit einer Soße aus Weißwein, geschälten Tomaten, Öl, Knoblauch, Sardellenfilets und Oliven

Orate nostrane ai ferri   Frische Goldbrassen vom Rost

Ostriche fritte   Austern in Mehl, Ei und Parmesan gewendet und in heißem Öl oder in Butter gebraten

Palombo alla salsa   Gekochter Glatthai mit Mayonnaise
oder einer Soße

Polpi alla luciana   Polypen (Kraken), langsam in Öl
mit Petersilie und Ingwer gedünstet

Rane dorate   Froschschenkel, in Ei gewendet und in Öl
gebacken

Rane in guazzetto   Froschschenkel in einer Tomatensoße

Razza coi capperi   Gekochter Rochen in einer Soße aus
Butter, Mehl, Eigelb, Salz und Kapern

Rombo alla graticola   Steinbutt, am Rost gebraten

Salmonata bollita o ai ferri   Lachs, gekocht oder am
Rost gebraten

Sarde al pomodoro   Frische Sprotten (Breitling) und
Tomatenscheiben, mit Basilikum, Salz und Pfeffer gewürzt, in Öl gebraten

Sardelle in padella   Frische Sardellen, im Topf mit Tomaten, Petersilie, Öl, Knoblauch und Salbei gedünstet

Sardine farcite arrotolate   Sardinen, mit Petersilie und
wildem Majoran gefüllt, gerollt und in Öl gebraten

Scampi fritti – Fritto di scampi   Schwänze von
Schlankhummern, in Backteig gewendet und in heißem
Öl gebacken

Scampi giganti all'americana   In Öl gebratene Schwänze von Schlankhummern mit einer Soße aus Tomaten,
Salz, Cayennepfeffer, Knoblauch, Butter, Öl, Petersilie
und Cognac, dazu Reis

Scampo ai ferri Hummer vom Holzkohlengrill

Scapece Gebackene Fische, in weißem Essig und Safran mariniert (ein altes Gericht aus den Abruzzen)

Seppie coi piselli Tintenfische, mit Öl, Knoblauch, Salz, Pfeffer, Petersilie, Weißwein und grünen Erbsen geschmort

Sfoglie in saori (in saòr) Seezunge, in Kräutertunke eingelegt

Sformato di salmone Pastete aus Lachs, Eiern, Weißbrot und Milch

Sgombri al vino bianco Makrelen in Weißwein

Sogliola al burro e salvia Seezunge, mit Salbei in Butter gebraten

Sogliola alla mugnaia Seezunge Müllerinnen-Art, gesalzen, gepfeffert, in Mehl gewendet und in Butter gebraten

Sogliola alla salsa Seezunge in einer Soße mit Pilzen, Tomaten, Käse und Kräutern oder in Kapernsoße

Sogliola fritta alla fiorentina Mit Käse gebratene Seezunge

Sogliola alla panna e funghi Seezunge in Sahnesoße mit Pilzen

Storione con olio e limone Gekochter Stör mit Öl und Zitronensaft

Tinca carpionata In Öl gebackene Schleien, in Essig und Wein mit viel Pfeffer, Zwiebeln, Knoblauch und Salbei eingelegt

Trance (fette) di branzino alla griglia Gegrillte Scheiben vom Seebarsch

Trance (fette) di pesce alla rivierasca Scheiben von einem großen Fisch, mit Rotwein, Knoblauch, Tomaten, Salbei, Basilikum und Öl gedünstet

Triglie alla livornese In heißem Öl gebratene Rotbarben, mit Tomatensoße und Petersilie

Triglie con funghi Rotbarben in einer Soße mit Butter, Knoblauch, Weißwein, Pilzen, Petersilie und Pfeffer

Trota del Garda lessata Gekochte Forelle vom Gardasee mit zerlassener Butter und gekochten Kartoffeln

Trota grillata nella stagnola Forelle, in der Folie gegrillt

Trotelle ripiene fritte Forelle, mit Kräutern gefüllt, in Mehl und Ei gewendet und in Öl oder Butter gebacken

Zuppa alla marinara Suppe aus verschiedenen Fischen mit Knoblauch, Tomaten, Salz, Pfeffer, Petersilie und gebackenen Brotscheiben

Zuppa di pesce alla gallipolina Pikante Fischsuppe aus den verschiedensten Fischen sowie großen und kleinen Muscheln

Fleischgerichte

Ob Rindfleisch, Schwein, Geflügel oder Wild – die Qualität des Fleisches ist meist besser als bei uns. Und dazu versteht sich Italien spätestens seit Marco Polo hervorragend aufs Würzen: ›abbacchio alla romana‹ vielleicht, das Osterlamm mit Rosmarin, oder die ›saltimbocca romana‹, ein gerolltes Kalbsschnitzel mit Schinkenscheibe und Salbeiblatt, in Butter gedünstet und mit einem Schuß Marsala abgerundet ... Durch einige Kräuter, durch ein einziges Lorbeerblatt etwa, erhält das Essen eine neue Dimension. Hier beginnt die wahre Kunst der ganzen Nation, die ein phantasievoller Koch zur höchsten Meisterschaft erheben kann.

Zum Gewürz gehört auch der Knoblauch. Die alten, erfahrenen Leute lieben ihn als Mittel gegen Arterienverkalkung und gegen Parasiten. Er gibt den Speisen einen vollen Geschmack, und es genügt schon, wenn man Topf oder Schüssel mit einer Knoblauchzehe ausreibt. Leider hat der stark duftende Knoblauch bei uns vor allem in den Großstädten viel von seiner althergebrachten Beliebtheit verloren. Es gibt aber ein einfaches Rezept gegen seinen intensiven Geruch: Man braucht nach dem Essen nur etwas frische Petersilie zu kauen; Geschmack und Geruch des Knoblauchs verschwinden sofort.

Fleischgerichte

Abbacchio al girarrosto Milchlamm (das noch kein Gras gefressen hat), am Spieß gebraten

Abbacchio alla cacciatore Milchlamm nach Jägerart in einer Soße aus Öl, Essig, Knoblauch, Salbei und Rosmarin; anstelle von Salbei werden oft mehrere Sardellen in die Soße gegeben

Abbacchio brodettato Zerteiltes Milchlamm in einer Soße aus Weißwein, Zitronensaft, Eigelb und Petersilie

Agnello all'arrabbiata Zartes Gebirgslamm, mit Öl, Salz und Pfeffer gebraten und zum Schluß leicht mit Essig bespritzt

Animelle d'abbacchio Bries vom Lamm mit einer Butter-Madeirasoße

Animelle di vitello alla casalinga Kalbsbries in einer Soße aus Weißwein, Butter, Zwiebeln, Karotten, Petersilie und etwas Mehl

Arista alla fiorentina Schweinefleisch, mit Knoblauch, Nelken und Rosmarin gewürzt, im Ofen gebraten

Arrosto vitello con patate Kalbsbraten mit Kartoffeln

Bistecca alla fiorentina – Costata alla fiorentina – Costata di Firenze
Dicke, große Scheiben Ochsenlende von besonders guter Qualität (Fleisch aus dem Chiana-Tal, wo das Vieh mit besonders duftenden Kräutern gefüttert wird), nur mit Pfeffer und Salz gewürzt, auf Holzkohlenfeuer gebraten

Bistecca alla pizzaiola Ochsen- oder Kalbssteak, gesalzen, gepfeffert, gebraten und mit Tomatensoße, die mit Knoblauch und Origano gewürzt ist, übergossen

Bistecca di manzo ai ferri – Costata di bue ferri Lende vom Rost

Bocconcini di vitello Leckerbissen aus Kalbfleisch (meist Kalbfleischklößchen in einer Sahne-Tomaten- oder Pilzsoße)

Bollito misto Verschiedenes gekochtes Fleisch (Rind, Schwein, Huhn, Zunge), gefüllter Schweinsfuß und Wurst, meistens mit salsa verde (Kräutersoße, siehe Seite 63) serviert

Bottaggio maiale e polenta Schweinsfüße, Schweins- kopf, Schweinerippchen, Speck, Wurst und Gemüse in einem Topf, dazu Maisbrei

Braciola di vitello ai ferri Kalbsbraten vom Rost

Braciola di maiale alla pizzaiola Schweineschnitzel, mit Öl, Tomaten, Knoblauch und Origano gedünstet

Braciola maiale ai ferri Schweineschnitzel vom Rost

Busecca Kutteln (Kaldaunen) mit Gemüse und Reis oder Gemüse und weißen Bohnen, gewürzt mit feinen Kräutern; eine Spezialität aus der Lombardei

Capretto arrosto Zicklein vom Grill

Carne a Carrargiu (Sardinien) Ein ganz junges Tier (Ziege, Lamm, Kalb, Spanferkel oder Wildschwein) wird, nachdem das Fleisch mit duftenden Kräutern ge- würzt ist, in einer Grube zwischen Steinen, über denen ein Holzkohlenfeuer brennt, gebraten; das Fleisch er- hält so einen ganz hervorragenden Geschmack

Carne ai funghi Mageres Kalbfleisch mit Champi- gnons, Käse und Schinken

Cassoeula di maiale e verze (botaggio) Eintopf mit Schweinefleisch und Wirsing

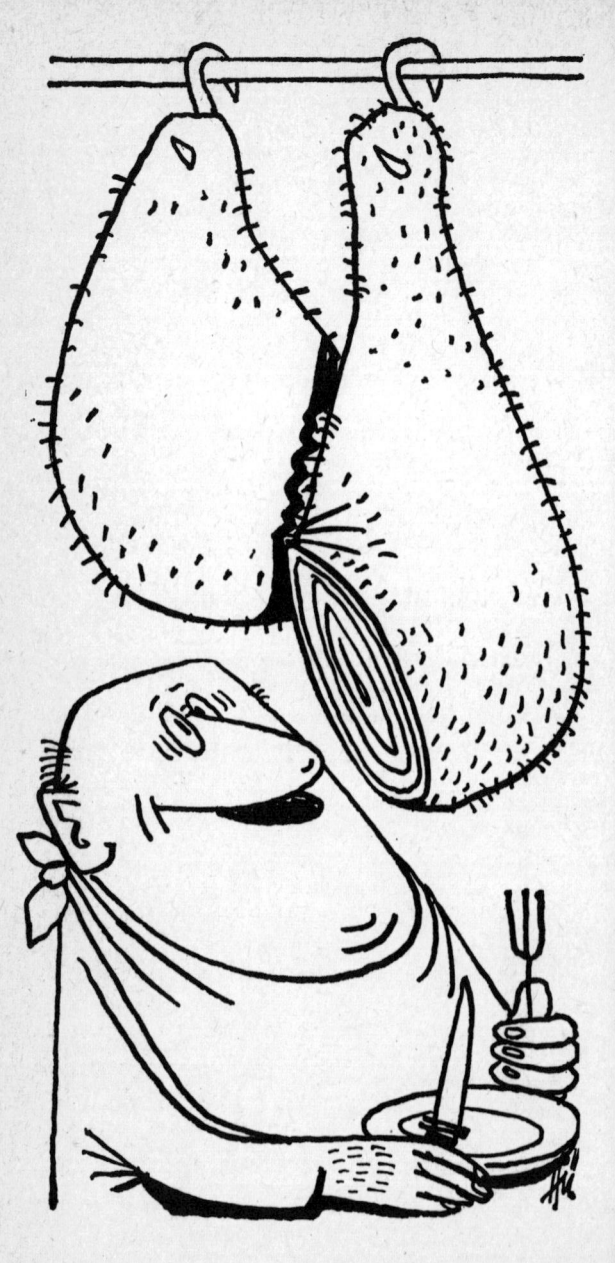

Cima alla genovese Rindfleisch- oder Kalbfleischscheiben, gerollt und gefüllt mit zerkleinertem Kalbsbries,
Speck, Schweinefleisch, jungen Erbsen, Knoblauch und
Zwiebeln oder – Kalbsbrust gefüllt mit Ei, Spinat, ver-
schiedenem kleingehacktem Fleisch und Trüffeln

Coda alla vaccinara Ochsenschwanzstücke, stundenlang gedünstet mit Suppengrün, Rotwein, Knoblauch,
Zwiebel, Speck, Schinken, Tomatenmark, Salz, Pfeffer
und viel Stangensellerie

Codini di maiale fritti Gebackene Schweineschwänz-
chen

Coniglio allo spruzzo Kaninchen, mit Tomaten, Zwiebel und Lorbeerblättern gedünstet

Coratella di abbacchio Innereien vom Lamm (Herz,
Leber, Lunge und Milz), entweder mit Öl, Zwiebel und
Pfeffer oder mit Weißwein, Zitronensaft, Pfeffer, Majo-
ran, Zwiebel, Öl und Eigelb gedünstet

Coscia di maiale lessata Schweineschlegel, in einem
würzigen Sud gekocht mit Marsala, Cognac, Sellerie,
Karotte, Nelken, Lorbeerblatt und Zwiebel

Costata alla griglia Kotelett vom Grill

**Costoletta di vitello al cartoccio – Costoletta di vitello
nella carta** Kalbskotelett zwischen zwei Scheiben
Schinken, mit Petersilie und Pilzen oder Trüffelscheibchen in dickes Pergamentpapier gewickelt und im Ofen
gebacken

Costolette a scottadip – Braciolette a scottadito
Lammkoteletts am Grill gebraten; sie können, mit einer
Manschette versehen, mit der Hand gegessen werden

Costoletta di vitello alla milanese Paniertes Kalbskotelett

Costoletta di vitello al pomodore Kalbskotelett, in Ei,
Parmesan und Semmelbröseln gewendet, gebraten und
mit geschälten Tomaten gedünstet

Costoletta alla bolognese Kalbskotelett, mit rohem
Schinken, Käse, Pilzen und Weißwein gedünstet

Crostata di cervello ed erbette Pastete, mit Hirn,
Schafkäse und Rübenblättern gefüllt

Cuore di vitello alla genovese Kalbsherzscheiben, in
Öl mit Salz, Pfeffer und Petersilie gebraten

**Fegatelli di maiale – Fegatelli in conserva – Fegatini di
maiale** Kleine Scheibchen von Schweineleber werden
mit Salz und Pfeffer gewürzt, in ein Schweinenetz gewickelt und mit einem Lorbeerblatt besteckt; oder
Scheibchen von Schweineleber werden mit Salz, Pfeffer
und Fenchelsamen gewürzt, in ein Schweinenetz gewickelt; beide Arten können am Spieß, auf dem Grill
oder in der Pfanne gebraten sein

Fegato alla griglia Kalbsleber vom Grill

Fegato di vitello alla veneziana Kalbsleber in Scheiben, mit Zwiebeln, Pfeffer und Petersilie in der Pfanne
gebraten

Fesa di vitello farcita Gefüllter Kalbsfuß

Fettine di vitello ripiene Mit gekochtem Schinken,
Emmentaler und Kräutern gefüllte Kalbsschnitzel

Filetto di bue ai ferri Rindsfilet vom Grill

Filetto di maiale farcito Gefülltes Schweinefilet

Filetto di manzo arrosto Ochsenfilet, mit Speck gebraten

Fricando di vitello con purea e spinaci Gedämpftes Kalbfleisch mit Kartoffelbrei und Spinat

Gulasc (spezzatino) all'ungherese con polenta Paprika-Goulasch mit Maisbrei

Hamburger al formaggio Frikadellen mit Tomatensoße und geriebenem Gruyère-Käse

Insaccati di maiale Schweinewürstchen

Involtini di verze Mit Schweinefleisch oder Würstchen gefüllte Wirsingrouladen

Lingua al forno Scheiben von gekochter Rinderzunge, mit Gemüsen, Kräutern und Käse im Rohr gebacken

Lingua di vitello Kalbszunge

Lombatine di vitello alla finanziera Kalbslende in Butter angebraten, mit Weißwein, Kräutern, grünen Oliven, Champignons, etwas Mehl, Salz und Pfeffer weichgeschmort

Lombata di vitello Kalbslendenbraten

Luganiga Dünne, lange Würste am Spieß oder Grill gebraten, manchmal auch in einer gut gewürzten Tomatensoße

Manzo lesso e salsa verde Suppenfleisch mit der berühmten ›salsa verde‹, einer Soße aus Olivenöl, Semmelbröseln, Kapern, kleingehacktem Ei und Essig; manchmal sind noch feingewiegte Zwiebeln, Knoblauch und Petersilie dabei

Marmitta di lenticchie con pancetta e salsicce Linseneintopf mit Speck und Würstchen

Mazzafegati Würste aus Schweineleber, mit Knoblauch, Pfeffer und Koriander gewürzt, in Öl gebraten

Messicani di vitello con funghi e piselli Kalbsschnitzel mit einer Fülle aus Hühnerleber, Schinken und Käse, gewürzt mit Salbei, Muskatnuß, Petersilie und Pfeffer mit Pilzen und grünen Erbsen

Misto di carne alla brace Verschiedene Fleischsorten, am Holzkohlenfeuer gebraten

Nodini di vitello al burro e salvia Kalbfleisch, in Butter und Salbei gedünstet

Ossobuco (ossibuchi) alla milanese Scheiben einer Kalbshaxe, mit Knochenmark in einer Soße aus Weißwein, Butter, Petersilie, Karotten, Knoblauch, Zwiebeln, Sellerie und Kräutern gedünstet

Paillard di vitello ai ferri Kalbsfilet vom Rost

Petto di vitello ripieno Gefüllte Kalbsbrust

Piccata al vino bianco Kalbsschnitzel, in Weißwein gedünstet

Piccata di vitello con pomodoro e funghi Kalbfleisch-Scheiben mit Tomaten und Pilzen

Piccata al pomodoro e piselli Kalbfleischscheiben in Tomatensoße mit grünen Erbsen

Piedi di vitello grigliati Gekochte Kalbsfüße, paniert, mit Butter bestrichen und gegrillt

Polenta con maiale e salsicce Maisbrei mit Schweinefleisch und Würstchen

Polmone di vitello all'italiana Kalbslunge, gekocht und geschnitten in einer Soße aus Mehl, Butter, Weißwein mit Schinkenwürfeln, Zwiebel, Salz, Pfeffer, Kräutern und Tomatenmark

Polpette ai funghi Fleischklößchen mit Tomaten-Pilzsoße

Porchettini umbri (lattonzola) al girarrosto Spanferkel, am Spieß gebraten

Punta di manzo buongustaio Ochsenfleisch nach Feinschmeckerart (Tafelspitz)

Punta di vitello al forno Kalbsbrustspitze, im Rohr gebraten

Rochietti di vitello alla casalingha Kalbfleischwürste nach Hausfrauenart

Rognoni di maiale alla salsa Schweinenieren in Tomaten-Rotweinsoße

Rognoni di vitello trifolati Kalbsnieren, in Öl gebraten, mit Salz, Pfeffer, Petersilie und Zitronensaft gewürzt

Salame cotto in salsa tartufata Gekochte Wurst in Trüffelsoße, gewürzt mit etwas Knoblauch, Zwiebel, Petersilie, Weißwein oder Marsala, Salz und Pfeffer

Salsicce al crostone Würstchen, in Teig gebacken

Salsicce con broccoletti Schweinswürstchen mit grünem Blumenkohl

Salsiccia cotta sotto la cenere Frische Wurst aus Schweinefleisch, in dickes Papier gewickelt und in heißer Asche gewärmt

Saltimbocca alla romana Dünne Kalbsschnitzel, auf die mit einem Holzstäbchen eine Scheibe roher Schinken und ein Salbeiblatt gesteckt sind, in Butter gedünstet, mit etwas Marsala aromatisiert

Scaloppe alla bolognese Kalbsschnitzel, mit Schinken und Käse überbacken

Scaloppe di fesa alla milanese Scheiben vom Kalbsschlegel, paniert und gebraten

Scaloppine con funghi Kalbslendchen in einer Soße mit Schinken und Pilzen

Spezzatino al pomodoro Fleischstücke, zusammen mit Tomaten und Zwiebeln gedünstet

Spiedini di maiale Spießchen mit Schweinefilet, Schweineleber und Speck

Stracotto di bue alla toscana con fagioli all'ucceletto Gedämpftes Ochsenfleisch (von Ochsen aus der Toskana) mit frischen weißen Bohnen, die mit Öl, Butter, Tomaten, Salbei und Zwiebeln gedünstet sind

Stracotto di manzo con patate e rigatoni Langsam gedünstetes Rindfleisch mit Kartoffeln und Nudeln

Stracotto toscana – Stracotto di vitello Mit durchwachsenem Speck, Zwiebeln, Sellerie, Karotten, Tomaten und einigen Pilzen gedünstetes Kalbfleisch, das mit Makkaroni oder Polenta gegessen wird

Stufatino di manzo alla provinciale Dünne Rindfleischscheiben, im Topf mit verschiedenen Gemüsen gedünstet

Tattareo Lammgeschlinge (Herz, Lunge, Leber), am Spieß gebraten

Testarelle di Abbacchio (Latium) Lammköpfe, mit Salz, Pfeffer und Rosmarin gewürzt, in Öl knusprig gebraten

Testina di vitello marinata Gekochter Kalbskopf, gewürzt mit Salz, Pfeffer und Knoblauch, serviert mit einer Soße aus Öl, Kapern, Sardellen und Petersilie

Tornedo alla rossini Ochsenfilet, in Butter mit rohem Schinken gebraten, mit Pilzen, Petersilie und Zitronenscheiben serviert

Trippa alla fiorentina Kutteln mit Tomatensoße und Parmesan

Trippa alla moda Kutteln in einer Soße mit Streifen von Pökelzunge, Räucherspeck, Nelken, Knoblauch, Thymian, Sellerie, Zwiebeln, Weißwein und Käse

Trippa alla romana Kutteln in Tomatensoße, mit Blättern von frischer Pfefferminze gewürzt

Vitello a fette in forno Dünne Kalbsschnitzel, mit Käse bestreut, abwechselnd mit dünnen Speckscheiben in eine Form gelegt und im Ofen gebacken

Vitello alla salsa Kalbfleisch mit holländischer Soße, harten Eiern und grünen Bohnen

Vitello all'ucceletto Kalbsbraten, mit Salbei gewürzt

Vitello tonnato Kalbfleischscheiben in einer Soße mit Eigelb, Rahm, Thunfisch aus der Dose, Sardellen und Kapern (wird kalt gegessen)

Zampone e crauti Gefüllter Schweinsfuß und Sauerkraut

Geflügel und Wild

Anitra (anatra) all'arancia Gebratene Ente mit Orangensoße

Anitra al riso Geschmorte Ente, mit Reis, Speck und Schinken überbacken

Anitra selvatica Wildente, in Butter und Öl angebraten, mit Marsala, Petersilie, Knoblauch, Zwiebel, Salz und Pfeffer, Orangensaft und Orangenschale fertiggedünstet

Arrosto di cacciagione Wild, mit Speck und verschiedenen Kräutern im Ofen gebraten

Arrosto di capriolo Hirschbraten, mit Speck, Knoblauch, Basilikum, Petersilie, Rosmarin, Salz, Pfeffer, Zwiebeln und Öl geschmort

● **Beccaccini alla cenerentola**
Schnepfen nach Aschenbrödelart

Bracioline di cinghiale ai ferri e polenta Wildschweinkotelett vom Grill und Polenta

Camoscie alla cacciatora Gemse nach Jägerart, ähnlich wie ›lepre alla cacciatora‹

Cinghiale in salmi con olive Wildschweinragout mit Oliven

Cosciotto di cervo con marroni Hirschkeule, in Olivenöl, Weißwein, Essig mit Knoblauch, Zwiebel, Sellerie, Petersilie, Nelken, Pfeffer, Lorbeerblatt mariniert und mit Butter, Tomaten, Karotten, Zwiebel und Sahne gebraten

Cotelette di piccione con piselli Taubenhälften mit grünen Erbsen

Fagiano arrosto Fasan, gesalzen, gepfeffert, mit Speck umwickelt und in Öl oder Butter gebraten

Faraona al crostono Perlhuhn, in Teig gebacken

Faraona alla creta Perlhuhn, in einer Lehmhülle gebacken

Faraona arrosta con salsa peverada Perlhuhn gebraten, mit Pfeffersoße

Finanziera di pollo Hühnerinnereien, Hühnerfleisch, Nieren oder Bries, Pilze und Trüffeln in einer dicken Fleisch-Tomatensoße

Fricassea di pollo Gekochtes Huhn in einer Soße mit Eigelb, Zitronensaft und Petersilie

Lepre alla cacciatora Hase in einer Soße mit Öl, Weißwein, Knoblauch, Salbei, Rosmarin, Salz, Pfeffer, Essig und Sardellen

Lepre alla trentina Hase, mit Weißwein, Öl, Knoblauch, Zwiebel und verschiedenen Gemüsen gedünstet

Lepre in agrodolce Hase in einer süßsauren Soße mit Essig, Zucker, Rosinen, Pinienkernen, Schokolade und kandierten Früchten

Lepre in salmi e polenta   Hasenragout und Maisbrei

Lombo di capriolo al sangue   Rehrücken, mit Rotwein, Zwiebel, Karotte, Thymian, Lorbeerblatt, Petersilie mariniert, mit Butter, Öl, Speck, Salz und Pfeffer gebraten

● **Misto all'odole e tordi**   Lerchen und Drosseln

Oca con fagioli   Gans, in mehrere Stücke zerteilt, im Topf mit Butter, Schinken, Speck, Zwiebel, Knoblauch, Salz und Pfeffer geschmort und mit weißen Bohnen serviert

Pavone ripieno   Truthenne, mit Wurst, Kastanien, Weißbrot und Ei gefüllt, mit Salz, Pfeffer, Rosmarin und Salbei gewürzt

Pernice con risotto   Rebhuhn mit Risotto

Petticini di pollo dorati con carciofi   Hühnerbrüstchen gebraten, mit Artischocken

Petti di dindo (tacchino)   Truthahnbrust

Petti di pollo alla valdostana   Hühnerbrust mit Pilzen

Petti di tacchino ai tartufi   Truthahnbrust, mit Trüffeln, Käse und Cognac zubereitet

Petto di pollo alla crema e funghi   Hühnerbrust in Sahnesoße mit Pilzen

Petto di pollo alla zingara   Hühnerbrust, mit Speck und Paprika gebraten, in einer Soße aus Tomaten und saurer Sahne (Zigeunerart)

Piccioni con piselli   Taube in einer Soße mit Speck, jungen Zwiebeln, grünen Erbsen, Mehl, Salz und Pfeffer

Piccioni alla biscaiuolo Tauben nach Holzfällerart, mit Pilzen gefüllt, mit Speck umwickelt und am Spieß gebraten

Pollastra bollita con riso – Gallina bollita con riso Junge Suppenhenne mit Reis

Pollastrino in padella Junges Masthuhn, in der Pfanne gebraten, mit Wein und feinen Kräutern gewürzt

Pollo al cartoccio Huhn, mit Rosmarin, Salbei und Knoblauch gewürzt, mit Speckscheiben umwickelt und in Stanniol oder Pergament gebraten

Pollo alla cacciatora Huhn nach Jägerart; das zerteilte Huhn wird angebraten, und in einer Soße mit Knoblauch, Zwiebeln, Rosmarin, Weißwein, Tomaten, Pfeffer und Speck gedünstet

Pollo alla marengo Huhn in einer Soße mit Tomaten, Knoblauch, Cognac oder Weißwein, Zitronensaft und Muskat; manchmal ist es mit Krebsen garniert

Pollo alla padovana Stark gewürztes Huhn vom Grill

Pollo alla romana Huhn mit einer Tomatensoße mit Speck, Weißwein, Knoblauch und Pfeffer

Pollo alle (con) cipolle Huhn in einer Soße mit Zwiebeln und Hühnerblut

Pollo al limone Huhn, mit Zitronensaft, Cognac und Petersilie gewürzt

Pollo arrosto Gebratenes Huhn

Pollo coi peperoni Hühnerstücke, in der Pfanne angebraten und mit Rosmarin, Schinken, Tomaten, Weißwein und Paprikaschoten fertiggedünstet

Pollo fritto Hühnerstücke, in Ei und Mehl gewendet und im heißen Fett gebacken

Pollo in padella con peperoni Huhn, in der Pfanne gebraten, mit Paprikaschoten, Tomaten, Speck, Zwiebeln und schwarzen Oliven

Pollo novello alla diavola Ein junges Huhn wird halbiert und flachgedrückt, mit Öl, Salz und Pfeffer mariniert und von beiden Seiten scharf gebraten; manchmal ist es zusätzlich mit Ingwer oder Zitronensaft gewürzt

Pollo primaverile Junges Huhn mit jungen Gemüsen (Karotten, Erbsen und Zwiebeln)

Polombacce allo spiedo alla ghiotta Wildtauben, mit feinen Kräutern gewürzt und am Spieß langsam gebraten

Porco selvatico al forno Wildschwein, im Ofen gebacken, nachdem es vorher in Essigbeize eingelegt war

Quaglie con riso pilaff Wachteln mit gebratenem Reis

Rottami di pollo in padella Hühnerstücke, fein gewürzt und in der Pfanne gebraten

Selvaggina allo spiedo con salsa peverada e polenta Wild vom Spieß mit Pfeffersoße und Polenta

Starna in brodo Rebhuhn, mit Petersilie, Zwiebel, Basilikum, Sellerie und Tomaten gekocht

Tacchino ripieno alla lombardei Gefüllter Truthahn mit kandierten Früchten

Tacchino al forno con purea di castagne Truthahn, im Ofen gebacken, mit Kastanienpüree

72

Gemüse

Acetosella   Sauerampfer

Asparagi al burro   Spargel mit zerlassener Butter und Parmesan

Asparagi (sparagi, sparaci) alla parmigiana   Gekochter Spargel, mit Käse überbacken

Asparagi fritti   Gekochter Spargel, in Backteig gewendet und in Öl gebacken

Asparagi gratinati   Mit Butter, Bechamelsoße und Käse überbackener Spargel

Asparagi pangrattato   Gekochter Spargel mit in reichlich Butter gebräunten Semmelbröseln

Barbabietole   Rote Rüben

Broccoli alla romana – Broccoli romani   Grüner Blumenkohl, mit Weißwein, Knoblauch, Öl, Salz und Pfeffer oder mit Schmalz, süßem Weißwein, Salz und Pfeffer gedünstet

73

Caponate Auberginen, mit Tomaten, Paprika und Zwiebeln in Öl gedünstet

Carciofi alla fiorentina Artischocken mit Pilzen und Blumenkohl in einer Butter-Mehl-Milchsoße, mit Salz, Pfeffer und Kräutern gewürzt und mit Käse überbacken

Carciofi alla Giuda Junge Artischocken nach Art der römischen Juden, gesalzen, gepfeffert und in einer Ton-form in reichlich Öl langsam gebraten

Carciofi alla romana Artischocken, mit Pfefferminz-blättern, Knoblauch, Petersilie und manchmal auch mit Sardellen gefüllt, in Öl gedünstet

Carciofi alla siciliana Artischocken, mit Petersilie, Sar-dellen, Knoblauch, Semmelbröseln und Pfeffer gefüllt und im Rohr langsam gebacken

Cardi alla besciamella Gekochte Stengel einer Distel-art (spanische Artischocke), mit Butter, Eigelb und Béchamelsoße überbacken

Cardi alla perugina Eßbare Disteln, in Backteig ge-wendet und in Öl gebacken

Cardi dorati – Cardi alla perugina Eßbare Disteln, gekocht, in Mehl, Ei und Semmelbröseln gewendet und in Öl gebacken

Carote alla grecca Karotten, mit Essig, Öl, Lorbeer-blatt, Salz und Pfeffer gewürzt

Carote al pomodoro Karotten in Tomatensoße mit einigen grünen Erbsen oder Bohnen

Cavolo nero Blaukraut (Rotkraut)

Cavolfiore alla villeroy Blumenkohl in einer Soße mit Ochsenmark, Butter, Petersilie, Ei und Zitronensaft

Cavolfiore dorato   Gekochter Blumenkohl, in Mehl und Ei gewendet und in heißem Fett gebacken

Cavoli al vino bianco   Weißkraut, mit Zwiebeln, Butter, Wein und Kapern gedämpft

Cavolini di Bruxelles al burro   Rosenkohl mit Butter und Käse

Cicoria cotta   Endivien, abgekocht und mit Öl, Zitronensaft und geriebenem Käse angemacht

Cipolline in agro dolce   Kleine Zwiebeln, in Tomatensoße mit etwas Essig und Zucker gedünstet

Composta cruda   Verschiedene Salate aus rohem Gemüse

Coste di bietola fritte   Gekochte Rüben in Scheiben, mit den Rübenblättern und Petersilie in Schweinefett oder Öl gebraten

Costolette di zucchini (zucchetti)   Zucchini (kleine gurkenähnliche, längliche Kürbisse), abgekocht, in Mehl, Ei und Semmelbröseln gewendet und in Öl und Butter gebraten

Erbette   Rübenkraut

Fagioli all'ucceletto   Gekochte Bohnenkerne mit Öl, Salbei, Pfeffer und Tomaten

Fagioli con l'osso di prosciutto   Weiße Bohnen mit Schinkenhaxe

Fagiolini freschi   Frische grüne Bohnen (keine Konserve)

Fagiolini in insalata al lardo   Salat von gekochten grünen Bohnen mit Speck

Fagiolini trifolati Grüne Bohnen mit Butter und Öl, Petersilie, Knoblauch, Salz und Pfeffer

Fagiolini verdi al pomodoro Grüne Bohnen in Tomatensoße mit Butter und Petersilie

Fagioli toscani Gekochte frische Bohnenkerne, mit Öl, Salz und Pfeffer angemacht

Favata Saubohnen mit Speck und Schweinswürsten

Fave al guanciale Frische Bohnenkerne, in Tomatensoße mit geschnittenen Schweineschwarten gedünstet

Finocchi al burro Fenchel, gekocht, mit Salz und Pfeffer gewürzt, in Butter mit Käse überbacken

Fritto di indivia belga Chicorée, in Mehl und Ei gewendet und in Öl gebacken

Funghi al burro Pilze, in Butter gedünstet, mit Salz und Pfeffer gewürzt

Funghi alla panna Pilze mit Kräutern und Sahne

Funghi alla parmigiana Pilze mit Sahne und Käse

Funghi arrosto Gebratene Pilze mit Knoblauch, Öl und Petersilie

Insalata di cipolle Kleine, gekochte Zwiebeln, mit Kartoffelstückchen, Roten Rüben, Öl, Weinessig, Salz und Pfeffer angerichtet

Lattughe alla paesana Kopfsalat, abgekocht in einem Fond aus Zwiebel, Karotten, gekochtem Schinken, Fleischbrühe, Butter, Salz, mit Ei gebunden

Melanzane al funghetto Auberginen, in einer Soße mit Knoblauch, Öl, Pfeffer, Petersilie und Pilzen gedünstet

Melanzane alla parmigiana Auberginenscheiben, mit Öl, Kräutern, Tomaten und Mozzarella im Ofen gebacken

Melanzane fritte Auberginenscheiben, in Teig gewendet und in Öl gebacken

Melanzane ripiene Auberginen, mit Sardellen, Oliven, Kapern und Knoblauch gefüllt, mit Käse, Ei und Petersilie im Ofen kurz überbacken

Patate arrosto Röstkartoffeln

Patate fritte In heißem Öl gebackene Kartoffelstäbchen oder Kartoffelscheiben

Peperonata Paprikaschoten, Tomaten und Zwiebeln, in Öl oder Schweineschmalz und Butter gedünstet

Peperoni gratinati Paprikaschoten, mit Tomaten, Kräutern, Sardellen, Semmelbröseln und Mozzarella im Ofen überbacken

Peperoni nell'olio Gekochte Paprikaschoten, in Essig und Öl eingelegt

Peperoni ripieni Gefüllte Paprikaschoten

Piselli al burro – Piselli all'inglese Grüne Erbsen in Butter

Piselli al prosciutto Grüne Erbsen mit Schinken, Zwiebel, Salz und Pfeffer

Pomodori repieni di riso Mit Reis gefüllte Tomaten

Porri al burro Lauch mit Butter und Parmesan

Porri alle uova Lauch mit einer Sahne-Eisoße

Purea di fave Püree von dicken Bohnen (Saubohnen), mit Butter, Milch und Fleischbrühe angemacht

Purea di lenti (Lenticchie) Püree aus Linsen mit Butter, Milch, Zwiebel und Gewürzen

Purea di patate Kartoffelbrei mit geriebenem Parmesan

Radiccio Rot-weiß-marmorierter Salat, leicht bitter (sehr schmackhaft)

Ráfano Meerrettich

Rape alla besciamella Weiße Rüben in Béchamelsoße mit Käse

Ravanelli Radieschen

Scorzonera dolce gratinata Gekochte Schwarzwurzeln, mit Béchamelsoße, Käse und Semmelbröseln überbacken

Sedani di trevi in umido Weiße Selleriestengel in Tomatensoße

Soufflé (sformato) di sedano rapa Auflauf von gekochten Sellerieknollen mit Ei, Salz, und Zitronensaft

Spinaci al burro Ganze Spinatblätter, in Butter gedünstet

Spinaci all'acciuga Spinat mit Butter, etwas Milch, zerkleinerten Sardellen, Salz und Pfeffer

Spungole alla salsa Morcheln in einer Soße mit Eigelb, Sahne, Butter, Petersilie, Zwiebel, Mehl, Zitronensaft und einem Sträußchen frischer Kräuter

Tortino di carciofi Artischocken, mit Ei, Käse, Speck und Butter in einer Form gebacken

FORMAGGIO

Käse

In Italien wird der Käse nicht allein als Dessert gegessen, er wird vielmehr oft zum Kochen oder zum Würzen verwendet, und er ist ein wesentlicher Bestandteil der italienischen Küche.

Zum Würzen von Suppen und Nudeln verwendet man den berühmten Parmesan (parmigiano) mit nur 32% Fett in der Trockenmasse. Er darf nur in genau begrenzten Regionen der Provinz Parma hergestellt werden und geht von dort nach zwei- bis dreijähriger Reifezeit in alle Welt. Wir kennen fast nur den hochwertigen trockenen Parmesan als Reibekäse. Der Tourist in Italien sollte den jungen Parmesan zum Nachtisch versuchen. Parmesan wird übrigens nie geschnitten, sondern stets mit dem Messer vom Stück abgebrochen oder abgesprengt.

Ein beliebter Würzkäse ist auch der ›romano‹ (oder ›pecorino‹), ein scharfer Schafskäse. Er eignet sich vorzüglich für die ›pasta‹ und wird oft in ausländischen Restaurants italienischen Stils für Gerichte ›alla bolognese‹ verwendet. Die Neapolitaner nehmen gerne ›mozzarella‹ für ihre Spezialität, die ›pizza‹. Mozzarella ist ein etwas säuerlicher, unausgereifter Kuh- oder Büffelkäse. Auch der geräucherte ›caciocavallo‹ oder der ihm verwandte ›provolone‹ sind Würzkäse mit eigenwilligem Aroma, die man auf jeder guten Käseplatte findet.

Eine Delikatesse aus der Lombardei für den Nachtisch mit Chianti oder Bardolino ist der ›gorgonzola‹. Er ähnelt dem Roquefort. Wie dieser ist er sehr weich und hat grünen Schimmel, ist jedoch milder als sein französisches Pendant. Ursprünglich wurde er aus Schafsmilch hergestellt; heute wird für ihn Kuhmilch verwendet.

Eine der jüngsten Käsekreationen ist der ›bel paese‹. Dieser Butterkäse wurde erst vor rund 45 Jahren auf den Markt gebracht und hat sich in kurzer Zeit eine große Anhängerschaft erobert. Man kann Rot- oder Weißwein dazu trinken.

Asagio Pikanter Hartkäse

Bel paese Sehr feiner, weicher Butterkäse aus der Lombardei

Brancolino Ziegenkäse

Caciocavallo Hartkäse aus Schafsmilch

Casiddi Kleine Hartkäse

Fontina Hervorragender, halbweicher Käse aus dem Aostatal

Formaggio di montana Bergkäse, der hauptsächlich in Norditalien angeboten wird, im Geschmack sehr unterschiedlich, Hartkäse

Grana Hartkäse, ähnlich dem Parmesan

Gorgonzola Edelpilzkäse, von dem es zwei Arten gibt: ›gorgonzola crema‹ ist würzig, weich und mild, ›gorgonzola piccante‹ hat Ähnlichkeit mit dem französischen Roquefort

Groviera Halbweicher Käse aus der Lombardei

Manteche   Sehr fetter Butterkäse

Mascarpone   Milder, sahniger Frischkäse, mit Zucker und Sahne ein Gedicht

Mozzarella   Frischer, nicht fermentierter Büffelkäse

Parmigiano   Berühmter Hartkäse, der hauptsächlich gerieben verwendet wird, aber auch im Stück, wenn er frisch ist, hervorragend schmeckt

Pecorino   Harter Schafkäse

Provole   Schmackhafter Käse aus Apulien, der oft geräuchert ist

Provolone   Pikanter Käse, der ursprünglich aus Schafsmilch hergestellt wurde; seit einigen Jahren wird aber auch Kuhmilch verwendet

Provolone al burro   Mit Butter gefüllter Käse

Ravegiolo   Ziegenkäse

Reggiano   Hartkäse, ähnlich wie Parmesan

Ricotta   Frischkäse (Quark), frisch und ungesalzen

Robiola   Fester Käse aus dem Aostatal

Romano   Harter Schafkäse

Scamozza   Geräucherter Käse aus Kuhmilch, in Rom aus Büffelmilch

Stracchino   Ähnlich wie Gorgonzola, jedoch ohne Blauschimmel

Taleggio   Würziger Butterkäse

Süßigkeiten

Wenn ein Dessertwagen Kuchen präsentiert, ist Schüchternheit ganz fehl am Platze. Es ist in Italien allgemein üblich, sich kleine Stücke von verschiedenen Kuchen geben zu lassen. Muß man sich ›à la carte‹ entscheiden, kann man die Wahl getrost dem Zufall überlassen. Die Italiener zeigen auch hier einen guten Geschmack.

Amarelli di Modena Mandelgebäck aus bitteren und süßen Mandeln

Ananas al maraschino Ananas mit Maraschino

Baba Kleines Gebäck, mit einem Sirup aus Madeira, Orangensaft, Zitronensaft, Zucker und Vanille übergossen

Baicoli Spezialität aus Venedig; kleines trockenes Gebäck aus Mehl, Zucker, Butter, Orangenaroma und ein wenig Salz

Bavarese alla fragola Cremespeise aus Schlagsahne, Zucker, Orangensaft, Gelatine, Zitronensaft und Vanillesirup mit Erdbeeren

Bavarese alla vaniglia Cremespeise aus Schlagsahne, Vanille, Zucker, Eigelb, Gelatine und Milch

Bignè Mit Creme gefüllte Bällchen, in schwimmendem Fett gebacken

Bocconcini di ricotta Kleine Mürbeteigtörtchen mit einer Füllung aus Quark, Ei, Zucker und kandierten Früchten

Budino al cioccolato Schokoladenpudding

Budino mocca con panna Pudding, mit starkem Kaffee zubereitet, mit Schlagsahne

Budino toscano Pudding aus Quark, Mandeln, Sultaninen, Zucker, kandierten Orangenstückchen, Eigelb und Rum

Cassata Halbgefrorenes mit kandierten Früchten oder Halbgefrorenes auf der Basis von Schokolade mit gefrorener Sahneschicht und Mandeln

Cassata alla siciliana Bisquitteig, mit einer Mischung aus Quark, Schokolade, Mandeln, kandierten Früchten und Marsala gefüllt

Coppa gelato Eisbecher

Crema caramella Vanillepudding, mit Caramel überzogen

Crostata di mandorle Torte aus Mürbeteig mit Mandelfüllung, mit verquirltem Ei bestrichen und im Ofen überbacken

Frittata al mirtillo   Omelett mit Heidelbeeren

Frutta al limone   Gekochte Früchte mit Zitronensaft und Vanillezucker

Frutta cotta   Gekochte Früchte (Kompott)

Frutta di stagione   Früchte der Jahreszeit

Frutta sciroppata   Früchte in Zuckersirup

Frutta secca assortita   Verschiedene getrocknete Früchte

Gelati   Speiseeis

Gelati misti   Gemischtes Eis

Gelato semifreddo   Halbgefrorenes

Granita   Halbgefrorenes Kaffee- oder Fruchteis

Grappa all'arancio   Grappa (Weinbrand von ausgepreßten Trauben) mit Orangensirup

Macedonia alla fiamma   Brennender (flambierter) Fruchtsalat

Macedonia di frutta   Fruchtsalat

Macedonia di frutta con gelato   Fruchtsalat mit Eis

Mandarino gelato   Mandarinen mit Eis

Mele al forno   Äpfel, mit Zucker und Schokolade gefüllt, mit Marsala übergossen und im Rohr gebacken oder mit Marmelade gefüllt, gedünstet und mit Schlagsahne serviert

Melone alle frutte Fruchtsalat aus Melone, Orange, Pfirsich, Erdbeeren, Zucker und Portwein

Melone al liquore Fruchtsalat aus Melone, Birne, Trauben, Himbeeren mit Zucker und Maraschino

Mostaccioli Sehr hartes Honiggebäck, manchmal mit Sultaninen

Panettone Berühmter Hefekuchen, der mit etwas Butter, Mehl, viel Eigelb, Zucker, Sultaninen und kandierten Früchten hergestellt wird

Panforte di Siena Torte mit Mandeln, kandierten Früchten, Butter und Eiern

Pan pepato Trockenes Gebäck aus Sultaninen, kandierten Früchten und Mandeln

Pan tirolese Kuchen aus dem Etschtal, aus Mehl, Eiern, Butter, Mandeln, Zucker, Zimt und abgeriebener Zitronenschale

Parrozzo Gebäck aus Pescara mit Weizenmehl, Mandeln, Eiern und Schokoladenglasur

Pastafrolla Kleine Mürbeteigtörtchen, mit Obst belegt

Pasticcio di mele alla bavarese con crema vaniglia
Apfelstrudel mit Vanillesoße

Pere martine cotte Birnenkompott

Pere meringate Birne, in Weißwein und Zucker gedünstet, mit geschlagenem Eiweiß überbacken

Pesche alla Melba   Pfirsich auf Vanilleeis

Pesche alla piemontese   Pfirsich, mit Creme gefüllt, mit etwas Weißwein und Zucker im Ofen gebacken

Pesche ripiene   Pfirsich, mit zerstoßenen Makronen, Eigelb, Butter und Zucker gefüllt und im Ofen gebakken

Pinoccata   Gebäck mit Eiern, Pinienkernen und Zucker

Pizza di miele   Honigkuchen

Profitterol al cioccolato   Kleine runde Kuchen, mit kalter Schokolade getränkt und mit Sahne verziert

Prugne cotte di California   Kompott von Dörrpflaumen

Quaresimali   Trockenes Gebäck aus Mehl, Eiern und gerösteten Mandeln

Sfogliatella   Blätterteigkuchen, mit Quark und kandierten Früchten gefüllt

S. Honoré   Torte des heiligen Honoratus, mit gelber Füllung (Eicreme), brauner Füllung (Schokoladencreme) und weißer Füllung (Sahnecreme); um die Torte herum mit Sahne oder Eicreme gefüllte Karamelkugeln

Spumoncino al caffè   Halbgefrorenes mit Kaffee

Spumoncino allo zabaione   Halbgefrorenes mit Weinschaum

Spumoncino al pistacchio   Halbgefrorenes mit Pistazien

Strudel frutta Blätterteig, mit Obst gefüllt (Äpfel, Kirschen, Pflaumen oder Heidelbeeren)

Torta gelato delizia Eistorte

Torta di cioccolato Schokoladenkuchen

Torta italiana – Zuppa romana – Zuppa inglese Verschiedene Variationen einer Bisquittorte, mit Creme gefüllt und mit Rum oder Likör getränkt

Torta napoletana Mürbeteigboden mit Käse-, Ei-, Mandel-Füllung

Torta savariella Hefekuchen mit Pistaziencreme, kandierten Früchten und Schlagsahne

Torte varie Verschiedene Torten

Turiddu Kleines Mandelgebäck, mit Puderzucker bestreut

Zabaglione – Zabaione Weinschaum mit Marsala oder Weißwein, Eigelb, Zucker und Rum

SPEZIALITÄTEN

Bagna cauda Eine pikante Soße, hergestellt aus Butter, Öl, Scheibchen einer weißen Trüffel, Basilikum, Knoblauch, Sardellen und Salz, in die man Selleriestengel, Cardi oder anderes, in Streifen geschnittenes Gemüse taucht; die Soße wird während des Essens ständig auf besonderen kleinen Tischherden warmgehalten

Broschetta Brotscheiben, mit Knoblauch eingerieben und mit frischem, aromatischem Olivenöl getränkt

Carta da musica – Pane Carasau Schneeweißes Brot der sardinischen Hirten, ohne Hefe, hauchdünn, lange Zeit haltbar

Fonduta Käsecreme, ähnlich dem Schweizer Fondue, bestehend aus Piemonteser Fontinakäse, Eigelb, Milch, Butter und weißen Trüffeln; dazu werden geröstete Weißbrotscheiben gegessen

Mozzarella in carrozza Eine Scheibe frischer Mozzarellakäse wird zwischen zwei Brotscheiben gelegt, in verquirltem Ei oder Ei und Semmelbröseln gewendet und in Öl gebacken; dazu wird meist Sardellensoße serviert

Pesto Soße aus Öl, Basilikum, Pecorinokäse, Pinienkernen, Knoblauch und ein wenig Majoran; ›pesto‹ wird zu Teigwaren, Pasteten, Suppen, Gnocchi und Stockfisch serviert

Weine

In Italien sollte man zum Essen Wein trinken – selbstverständlich italienischen Wein und nicht etwa den hier teuren französischen oder deutschen. Ein Fehler wäre es auch, sich allein auf Chianti zu beschränken. Wer ihn besonders liebt, muß auf das Gütezeichen der Winzergenossenschaft achten. Nur Chianti aus bestimmten Regionen der Toscana darf sich ›chianti classico‹ nennen und das numerierte Weinsiegel tragen, einen schwarzen Hahn auf goldenem Grund. Nicht jeder Wein in der Strohflasche also ist ein echter Chianti und verdient dessen Preis, und nicht jeder ›classico‹ hat das richtige Alter, wenn er auf den Tisch kommt. Erst nach drei Jahren Lagerung darf er die Qualitätsbezeichnung ›riserva‹ tragen.

In Italien gibt es sehr viele Traubensorten, und hier wird mehr Wein angebaut als in Frankreich. Italien ist der größte Weinproduzent der Welt. Seine besten Sorten findet man in Piemont, im Nordwesten des Landes. Der rote Barolo z. B. kann von hervorragender Qualität sein. Aber auch die roten Weine vom Gardasee, der Bardolino oder der leichte Valpolicella, die man beide auch zum Fisch trinken kann, verdienen hervorgehoben zu werden.

Gegen den Durst trinkt man gerne einen kühlen Rosé. Die italienischen Rosés schmecken allerdings fast wie

Rotwein. Der Südtiroler Lagreiner Rosato oder der Chiaretto del Garda vom Gardasee sind besonders angenehme Tischweine.

Rosé ist nicht etwa eine Mischung aus Weiß- und Rotwein, sondern ein Wein aus blauen Trauben, bei dem Schalen und Stengel nur eine zeitlang und in bestimmten Mengen mitvergoren werden. Farbe und Charakter des Weines werden dadurch entscheidend beeinflußt. Ganz ohne Schalen und Stengel vergoren entsteht auch aus blauen Trauben Weißwein.

In jedem Weißwein können sich übrigens Weinsteinkristalle bilden, und Rotwein hat manchmal Satz. Beides entsteht auf ganz natürliche Weise und ist kein Zeichen für schlechte Lagerung oder mindere Qualität.

In Italien braucht man sich keine Sorge über die Qualität des Tischweins zu machen. Er ist unverfälscht und gut bis ausgezeichnet.

Für den Fremden ist es immer schwer, in der Weinkarte unter unbekannten Namen den richtigen Tropfen zu finden. Lassen Sie sich vom Kellner beraten, versuchen Sie dann aber lieber die Nr. 1 als die Nr. 3. Ziehen Sie offene Weine vom Ort oder aus der Region einer prächtig etikettierten und kostspieligen Flasche vor – und denken Sie immer daran, daß Sie Autofahrer sind.

Bei den einzelnen Weinen beziehen sich die Prozentangaben auf den Alkoholgehalt, die Gradangaben auf die empfohlene Trinktemperatur.

Aglianico (Kampanien) Granatroter Tischwein mit starkem, rotem, natürlichem Schaum, frisch und voll im Geschmack; 12–14%, 18 Grad

Aglianico del Vulture (Basilikata) Schäumender Rotwein, der am besten schmeckt, wenn er zwei bis fünf Jahre alt ist; man trinkt ihn als Tischwein zum Braten; 12–13%, 18 Grad

Weine

Albana (Emilia Romagna) Weicher, goldgelber Tischwein, ›abboccato‹ (blumig und süß), paßt zu Fischgerichten; 12–13%, 10–12 Grad
Es gibt auch einen schäumenden Albana und den Albana dolce als Dessertwein

Albanello di Siracusa dolce (Sizilien) Goldgelber Dessertwein aus getrockneten Trauben; 17–18%, 18 Grad

Albanello di Siracusa secco (Sizilien) Strohgelber, leicht bitterer Tischwein, besonders für Fischgerichte; 16–18%, 10 Grad

Aleatico di Gradoli (Latium) Süßer, weicher Dessertwein von bernsteingelber Farbe; 14%, 18 Grad

Aleatico di Portoferraio (Insel Elba) Rubinroter, aromatischer, likörartiger Dessertwein; 14–15%, 18 Grad

Aleatico di Puglia (Apulien) Aromatischer, rötlicher und likörähnlicher Dessertwein; 16–17%, 18–20 Grad

Ambrato di Comiso (Sizilien) Bernsteinfarbener, leicht süßer Dessertwein mit vollem Geschmack; 15–16%, 18 bis 19 Grad

Anghelu Ruiu (Sardinien) Dessertwein mit sehr hohem Alkoholgehalt von dunkelroter, klarer Farbe, weich und süß; 19%, 18–20 Grad

Ansonica (Insel Giglio und Porto Santo Stefano, Toskana) Manchmal ›asciutto‹, trockener, herber, manchmal ›abboccato‹, blumiger, süffiger, goldgelber Wein, der gut zu Fischgerichten paßt; wenn er alt ist, kann er ganz hervorragend sein; 13–14%, 10–12 Grad

Arbia (Toskana) Trockener, strohgelber Wein mit leicht bitterem Nachgeschmack; er ist sehr erfrischend und paßt zu Fischgerichten besonders gut; 11–12%, 8–10 Grad

94

Aspirinio (Kampanien) Klarer, gelber Wein. Solange er jung ist, schmeckt er oft etwas bitter; er paßt gut zu fettem Fisch; 11–12%, 10–12 Grad

Asti spumante (Piemont/Aostatal) Erfrischender, stark schäumender Dessertwein von funkelnder gelber Farbe mit schöner Blume; 7–10%, 5–6 Grad

Balbino d'Altromontone (Kalabrien) Hellgelber, voller, berühmter Dessertwein; 15–16%, 10–12 Grad

Barbagallo – Barbacarlo (Lombardei) Voller, roter Tischwein, der besonders gut zu Geflügel paßt; 12–14%, 16–18 Grad

Barbarano bianco (Venetien) Blumiger, strohgelber Tischwein, ›asciutto‹ leicht säuerlich, eignet sich besonders für Fischgerichte; 10–12%, 10–12 Grad

Barbarano rosso (Venetien) Rubinroter Wein, ›asciutto‹ leicht säuerlich, feiner Tischwein, der gut zu Braten paßt; 10–12%, 18–19 Grad

Barbaresco (Piemont/Aostatal) Trockener, rubinroter Wein, mit einer leicht nach Veilchen duftenden Blume. Er ist empfehlenswert zu Gänseleber, Geflügel und Braten; 12–13%, 18 Grad

Barbera (Piemont/Aostatal) Grellroter, robuster Wein mit einer Blume zwischen Veilchen und Sauerkirsche; der Barbera zählt zu den ältesten Weinen Italiens und schmeckt besonders zu stark gewürzten Gerichten, Wild und Geflügel; 13–15%, 17–18 Grad
Es gibt auch noch Spumante Barbera als Dessertwein und den weniger bekannten Barbera amabile von lieblichem Charakter.

Bardolino (Venetien) Leichter, rubinroter, trockener Wein, der zu Geflügel und Wildkaninchen (Coniglio) besonders gut paßt; 10–11%, 16–17 Grad

Barletta (Apulien) Dunkelroter, starker Tischwein zu Braten; 14–15%, 18–20 Grad

Barolo (Piemont/Aostatal) Rotfunkelnder, herber Wein, der nach einer Lagerung von etwa sieben Jahren die Farbe bis gelborange verändert und dann samtartig weich schmeckt; er ist empfehlenswert zu getrüffelter Gänseleber, Wild und Braten; 13–16%, 18–20 Grad

Bianco dei Colli Friulani e Goriziani (Friaul/Venezia/ Giulia) Goldgelber, trockener, leicht schäumender Tischwein; 10–12%, 8–10 Grad

Bianco del Collio (Friaul/Venezia/Giulia) Der strohgelbe, trockene Wein eignet sich nicht zur Lagerung und wird deshalb immer im Entstehungsjahr getrunken; er paßt zu Fisch oder Bouillon; 10–11%, 10–12 Grad oder auch kälter

Bianco di Conegliano (Venetien) Trockener, goldgelber, leicht bitterer Tischwein, der gut zu Fischgerichten paßt; 10–11,5%, 8–10 Grad

Bianco di Scandiano (Emilia/Romagna) Hellgelber, blumiger Wein, ›secco‹ als Tischwein, ›amabile‹ nach Tisch; 12%, 8–9 Grad

Bianco di Scandiano (spumante) (Emilia/Romagna) Goldgelber, kräftig schäumender Dessertwein. Er ist im Geschmack ›dolce‹; 11–12%, 6–7 Grad

Biancolella (Kampanien/Ischia) Strohfarbener, köstlicher Wein zu edlen Fischen; 12%, 10–12 Grad

Bianco Piceno (Marche) Hellgelber, erfrischender, leicht bitterer Tischwein; 11–13%, 8–10 Grad

Bianco Val d'Adige (Trentino/Oberetsch) Trockener, blaßgelber, erfrischender Dessertwein, kann auch zu Vorspeisen getrunken werden; 10–11%, 10–12 Grad

Bianco Vergine dei Colli Aretini (Toskana) Trockener, hellgelber, leicht säuerlicher Wein, der sich hervorragend für Fischgerichte eignet; 11–12%, 8–10 Grad

Bonarda (Piemont/Aostatal) Grellroter, frisch schmekkender Tischwein, manchmal auch schäumend und ›amabile‹ mit lieblicher Blume; 10,5–12%, 18 Grad

Brachetto (Piemont/Aostatal) Aromatischer, schäumender, süßer Dessertwein von rubinroter Farbe; 13 bis 15%, 17–18 Grad

Breganze bianco (Venetien) Grellgelber, süffiger, säuerlicher Tischwein zu Fischgerichten; 11–12%, 8–10 Grad

Breganze rosso (Venetien) Granatroter, leicht bitterer und säuerlicher, sehr guter Tischwein; 11–12%, 18–19 Grad

Brunello di Montalcino (Toskana) Granatroter, leicht säuerlicher Wein, dessen Blume und Geschmack sich nach längerer Lagerung sehr verfeinern; gut zu Wild, Braten und Gänseleber; 11–12%, 18–19 Grad

Buttafuoco (Lombardei) Voller, weicher und roter Tischwein, besonders für Geflügel zu empfehlen; 12 bis 14%, 16–18 Grad

Cabernet di Treviso (Venetien) Rubin- bis granatroter, tanninhaltiger Tischwein; geeignet für Braten; 12–13%, 17–18 Grad

Caluso Passito (Piemont/Aostatal) Blumiger, goldgelber Dessertwein, der aus der Traube mit dem romantischen Namen ›Erbaluce‹ (Pflanze des Lichts) gekeltert wird; er ist meistens ›amabile‹, fast wie Likör, doch es werden auch kleine Mengen ›secco‹ – trockener Caluso Passito – produziert, der dann sehr gut zu Käse paßt; 13–15%, 17–18 Grad

Candia bianco (Toskana) Feuriger, süßer, strohgelber Wein, den man zum Fisch oder Dessert trinkt; 12–13%, 18–20 Grad

Candia rosso (Toskana) Rubinroter, leicht süßlicher, aromatischer Tisch- und Dessertwein

Cannellino di Frascati (Latium) Goldgelber, leicht bitterer, säuerlicher Tischwein besonders für Fischgerichte; es gibt auch Cannellino di Frascati abboccato, den man zum Schluß der Tafel, und Cannellino di Frascati dolce, den man als Dessertwein trinkt; 10 bis 12%, 8–10 Grad

Cannonu (Sardinien) Klarer, granatroter und sehr robuster, leicht süßer Dessertwein; 15–16%, 18–20 Grad

Capri bianco (Kampanien) Klarer, blaßgelber, säuerlicher, frischer Wein, den man zu Vorspeisen, Fischen und besonders zu Austern trinkt; 11–13%, 7–8 Grad

Capri rosso (Kampanien) Rubinroter Tischwein mit einer feinen Blume, dessen Geschmack sich mit zunehmendem Alter erhöht. Er ist dann besonders für Braten zu empfehlen. 11–12%, 18–20 Grad

Castel del Monte bianco (Apulien) Klarer, blaßgelber, säuerlicher Wein mit einer besonders charakteristischen Blume, der sich gut zu Fischgerichten eignet; 12–13%, 7–8 Grad

Castel del Monte rosato (Apulien) Leicht säuerlicher, klarer Wein von rosiger Farbe. Dessertwein mit angenehmem weichem Geschmack; 11–12%, 16–17 Grad

Castel del Monte rosso (Apulien) Rubinroter, blumiger, trockener Tischwein, der durch Lagerung seine Qualitäten noch verbessert und sich dann sehr gut für Braten eignet; 12–13%, 18–20 Grad

Casteller (Trentino/Oberetsch) Klarer, granatroter Dessertwein; er ist lieblich im Geschmack; man kann ihn auch gut zu Vorspeisen trinken; 11–12%, 14–16 Grad

Cerasuolo d'Abruzzo (Abruzzen) Kirschroter Wein mit angenehmer Blume und herrlichem Geschmack; man trinkt ihn nach dem Essen; 11–13%, 18 Grad

Cerasuolo di Vittoria (Sizilien) Kirschroter, trockener Tischwein mit vollem Geschmack; er paßt sehr gut zu Braten; 14–17%, 18–20 Grad

Chianti classico (Toskana) Chianti classico wird nur in einem begrenzten Gebiet, der Zona classico herge-stellt; die berühmtesten und besten Chianti classico stammen aus Brolio und Coltibono; der rubinrote, leicht schäumende Wein sollte mindestens 2 Jahre lagern; nach fünf bis sechs Jahren hat er eine erstklassige Qualität mit delikater Blume erreicht und eignet sich als Tisch-wein besonders für Braten und Wild; 11–13%, 18–20 Grad

Chianti dei Colli Aretini (Toskana) Rubinroter, fri-scher, oft schäumender Tischwein, trocken, mit intensi-ver Blume; er wird durch Lagerung nicht verbessert; 11–13%, 18–20 Grad

Chianti dei Colli Fiorentini (Toskana) Funkelnder Rotwein mit einer leichten Blume zwischen Veilchen und Schwertlilien, als Tischwein gut geeignet; 11–13%, im ersten Jahr 15–16 Grad, später 18–20 Grad

Chianti dei Colli Senesi (Toskana) Rassiger, schwach-roter Tischwein

Chianti delle Colline Pisane (Toskana) Erfrischender, rubinroter, manchmal schäumender Tischwein; er schmeckt ganz hervorragend im ersten Jahr und sollte nicht gelagert werden; 11–13%, 18–20 Grad

Chianti Montalabano (Toskana) Roter, fast violetter, guter Tischwein, der nicht älter als sechs, höchstens sieben Jahre werden sollte; 11–13%, 18–20 Grad

Chianti Rufina (Toskana) Dunkelroter Tischwein, ›pastoso‹ weich und süßlich mit rotem Schaum, dessen Qualität sich durch Lagerung verbessert; 12% 18–20 Grad

Chiaretto del Garda (Lombardei) Trockener, süffiger Wein von rosiger Farbe mit mandelartiger Blume; man trinkt ihn am Schluß der Mahlzeit

Chiaretto di Viverone (Piemont/Aostatal) Trockener Tischwein von rosiger Farbe, sehr süffig; es gibt auch einen fermentierten, weißen Chiaretto di Viverone aus einer Mischung der Barbera-Bonarda und Freisa-Traube; 11–12%, 17–18 Grad

Cinqueterre – Sciacchetra (Ligurien) An der Ligurischen Küste liegen die Cinque Terre (fünf Landschaften): Monterosso, Vernazza, Corniglia, Manarola und Riomaggiore, von altersher wegen des vorzüglichen Weines bekannt; Cinqueterre ist ein erlesener, goldgelber Wein mit einem leicht bitteren Nachgeschmack; man trinkt ihn zu guten Fischgerichten und am Schluß der Mahlzeit; 12–14%, 7–8 Grad

Ciro di Calabria (Kalabrien) Goldgelber Dessertwein mit delikater Blume; er erinnert im Geschmack leicht an Marsala; 14–15%, 10–12 Grad

Colli Albani (Latium) Gelblicher Tischwein, ›asciutto‹ leicht säuerlich; er eignet sich für Fischgerichte; 11 bis 12%, 6–7 Grad

Colli Lanuvi – Lanuvio (Latium) Robuster, blumiger Tischwein von goldgelber Farbe; 12%, 8–10 Grad

Coronata (Ligurien) Blasser, strohgelber Wein, erfrischend mit angenehmer Blume; er ist meistens ›secco‹ doch es gibt auch einen ›amabile‹; Coronata wird für Fischgerichte empfohlen; 8–10%, 8–10 Grad

Cortese – Gavi (Piemont/Aostatal) Blaßgelbgrünlicher, herber Wein; in kleinen Mengen werden auch eine halbtrockene Sorte und ein Spumante-Typ produziert; Cortese ist für Vorspeisen und Fische, besonders Forellen in Butter zu empfehlen; 10–11%, 10–12 Grad

Cortese di Liguria (Ligurien) Strohgelber Tischwein, leicht säuerlich mit delikater Blume, für Fischgerichte zu empfehlen; 13,5–14%, 7–8 Grad

Corvo bianco di Casteldaccia – Corvo bianco di Salaparuta (Sizilien) Goldgelber, trockener Tischwein, besonders für Vorspeisen und Fischgerichte zu empfehlen. 13–14%, 8 Grad

Corvo rosso di Casteldaccia – Corvo rosso di Salaparuta (Sizilien) Beide Sorten sind gleich im Charakter, aromatisch, stark, feurig, dunkelrot; Corvo rosso sollte erst nach drei bis vier Jahren Lagerung getrunken werden und schmeckt ganz vorzüglich zu Wild; 13–14%, 18–20 Grad

Dolceacqua (Ligurien) Liebenswürdiger, hellroter Tischwein, der gut zu Suppen und schweren Gerichten paßt; 12–14%, 18 Grad

Dorato di Sorso (Sardinien) Dieser starke, süffige Wein von dunkelgoldener Farbe wird als Aperitif getrunken; 16–16,5%, 8–10 Grad

Eloro bianco (Sizilien) Erfrischender, trockener, goldgelber Wein für Fischgerichte, der im Alter ganz hervorragend wird; 10–11%, 8 Grad

Eloro rosso (Sizilien)   Feuriger, granatroter Tischwein, der durch Lagerung sehr gewinnt und dann für Braten zu empfehlen ist; 14–15%, 18–20 Grad

Epomeo bianco (Kampanien)   Leuchtendgelber, trockener Tischwein, der gut zu Fischgerichten paßt; 11–12%, 10–12 Grad

Epomeo rosso (Kampanien)   Rubinroter, im Geschmack weicher, angenehmer Wein, der gut zu Wild und Braten paßt; 12–12,5%, 18 Grad

Est! Est!! Est!!! (Latium)   Ein klarer, gelber Wein, der ›secco‹ und ›abboccato‹ produziert wird; trocken wird er als Tischwein, vor allen Dingen zum Fisch getrunken; süß ist er ein guter Dessertwein; 12–13%, 8 Grad

Etna bianco (Sizilien)   Klarer strohgelber Tischwein; voll und trocken eignet er sich gut für Fischgerichte; 12–13%, 7–8 Grad

Etna rosso (Sizilien)   Dieser Rotwein ist trocken und voll im Geschmack; er sollte erst nach zwei Jahren Lagerung getrunken werden und paßt dann gut zu Braten; 13–14%, 18–20 Grad

Falerner rosso (Kampanien)   Altberühmter Rotwein mit vollem, trockenem Geschmack, der durch Lagerung sehr gewinnt; man trinkt ihn zu Geflügel, Wild und Braten; 13–15%, 18–20 Grad

Falerno (Kampanien)   Goldgelber, trockener Wein mit delikater Blume, der sich gut für Fischgerichte eignet; 8–10%, 8–10 Grad

Fara (Piemont/Aostatal)   Granatroter Tischwein mit einer charakteristischen Blume, die an Himbeeren erinnert, leicht säuerlich im Geschmack; es wird auch ein Fara amabile produziert, der nach längerer Lagerung zum Spumante wird; man trinkt ihn als Dessertwein; 10–12%, 16–18 Grad

Faro (Sizilien) Rubinroter Tischwein, der durch Lagerung seine Qualitäten verbessert; 12,5–13%, 18 Grad

Forastera-Forastera d'Ischia (Kampanien) Strohgelber, trockener Wein mit natürlichem Schaum der sich sehr gut für Fischgerichte eignet; 10–11%, 10–12 Grad

Frecciarossa (Lombardei) Bernsteingelber Dessertwein, ›abboccato‹ süß, für den Abschluß einer Mahlzeit geeignet; 12–13%, 7–8 Grad

Frecciarossa bianco (Lombardei) Trockener, strohgelber Wein, den man zu Vorspeisen und Fisch trinkt; Blume und Geschmack verbessern sich durch Lagerung; 12–12,5%, 12–13 Grad

Frecciarossa rosato (Lombardei) Trockener, blumiger Tischwein von rosa Farbe; 11–12%, 14–15 Grad

Frecciarossa rosso (Lombardei) Rubinroter Tischwein, der sich durch Lagerung sehr verbessert; 12–13%, 18–20 Grad

Friularo – Raboso – Raboso di Piave (Venetien) Voller, säuerlicher Rotwein mit delikater Blume, der gut zu Braten und Geflügel paßt; 12–13%, 18 Grad

Gambellara (Venetien) Goldgelber, trockener Tischwein mit zarter Blume; 10–15%, 8–10 Grad

Gattinara (Piemont/Aostatal) Schwerer, roter Tischwein, der besonders gut zu starkgewürzten Gerichten paßt; 13–14%, 16–18 Grad

Girò (Sardinien) Roter Dessertwein, voll und süß im Geschmack; 16–17%, 18 Grad

Gragnano (Kampanien) Roter Tischwein mit einem ins Violette gehenden Schaum und mit einer Blume, die an Veilchen erinnert; 10–12%, 18–20 Grad

Greco (Umbrien) Hellgelber, erfrischender Tischwein, der sich besonders für Fischgerichte eignet; 13–14%, 10–12 Grad

Greco di Gerace (Kalabrien) Bernsteinfarbener Dessertwein, mit einer Blume, die leicht an Orangenblüten erinnert; ein süßer Luxuswein, von dem nur eine kleine Menge produziert wird; 15–16%, 7–8 Grad

Grignolo – Grignolino (Piemont/Aostatal) Funkelndroter Tischwein, der nach einigen Jahren Lagerung besonders gut zu Braten paßt; 11–13%, 16–18 Grad

Grottaferrata (Latium) Goldgelber, trockener Tischwein mit leicht bitterem Geschmack; 11–12%, 8–10 Grad

Inferno (Lombardei) Rubinroter Tischwein, der sich nach Lagerung für Braten empfiehlt; 11–12%, 18 Grad

Ischia bianco (Kampanien) Spritziger, hellgelber Tischwein, empfehlenswert zu Fischgerichten; 9–10%, 10–12 Grad

Ischia rosso (Kampanien) Trockener, roter Tischwein, blumig und aromatisch; 12%, 18–20 Grad

Kalterer See – Lago di Caldaro (Südtirol) Granatroter, klarer Tischwein, sehr bekömmlich, nach Lagerung für Braten zu empfehlen; 11–12%, jung 14–16 Grad, alt 18–20 Grad

Lacrima Christi (Kampanien) Hellgelber Wein, ›asciutto‹ erfrischender Tischwein zu Fischgerichten, ›dolce‹ Dessertwein; 12–13%, 8–10 Grad

Lacrima (Kalabrien) Grellroter, angenehmer Tischwein, für Braten zu empfehlen; 12–13%, 18 Grad

---

Lacrima Christi rosato (Kampanien) Lieblicher Tischwein von rosiger Farbe; 12,5–13%, 18 Grad

Lacrima Christi rosso (Kampanien) Angenehmer, roter Tischwein, der durch Lagerung sehr gewinnt; 11,5–12%, 18–20 Grad

Lagrein Kretzer (Südtirol) Erfrischender Tischwein, dunkelrot; 12–13%, 15–16 Grad

Lambrusco di Castelverto (Emilia/Romagna) Leicht schäumender, dunkelroter Tischwein; 10–10,5%, 14–15 Grad

Lambrusco di Sorbara (Emilia/Romagna) Lebhaft schäumender Rotwein mit veilchenartiger Blume, der wie geschaffen ist zu ›zampone‹ (gefüllter Schweinsfuß); 11%, 14–15 Grad

Lambrusco Gasparosa (Emilia/Romagna) Rubinroter, leicht schäumender Tischwein mit veilchenartiger Blume; 10–11%, 14–15 Grad

Lambrusco Salamino (Emilia/Romagna) Erfrischender, leicht schäumender Tischwein von rubinroter Farbe; 10%, 14–15 Grad

Malvasia bianco – Malvasia di Brindisi (Apulien) Goldgelber, aromatischer, süßer Dessertwein; 13–15%, 8–10 Grad

Malvasia del Campidano (Sardinien) Goldgelber, säuerlicher Aperitif mit einem leichten Nachgeschmack von bitteren Mandeln; er wird gerne zu Austern getrunken; 16–17%, 10 Grad

Malvasia del Vulture (Basilikata) Strohgelber, lieblicher Dessertwein, mit einem lebhaften, natürlichen Schaum; 11–14%, 15–16 Grad

Malvasia di Bosa (Sardinien) Strohgelber, trockener Aperitif und Dessertwein; er muß drei Jahre lagern; 16–17%, 10 Grad

Malvasia di Grottaferrata (Latium) Goldgelber, blumiger Tischwein, der sich gut für Fischgerichte eignet; 11–13%, 6 Grad

Malvasia di Lipari (Sizilien) Feuriger, hellgelber Dessertwein; 15–16%, 15–16 Grad

Mamertino (Sizilien) Goldgelber, trockener Tischwein für Fischgerichte; es gibt auch einen ›dolce‹-Typ als Dessertwein; 15–17%, 7–8 Grad

Mandrolisai (Sardinien) Klarer, rubinroter Tischwein mit delikater Blume, für Braten geeignet; 11–13%, 18 Grad

Marino (Latium) Klarer goldgelber Wein, ›secco‹ Tischwein, ›abboccato‹ Dessertwein, blumig mit einem Nachgeschmack nach Weichselkirsche; 12%, 8–10 Grad

Marsala (Sizilien) Bernsteinfarbener Dessertwein, der durch Lagerung sehr gewinnt; es gibt Marsala ›dolce‹ und ›secco‹; 16–20%, 18 Grad

Marzemino (Trentino/Oberetsch) Rubinroter Tischwein mit leicht bitterem Geschmack; eignet sich gut für Braten; 11–12%, 18–19 Grad

Merlot (Friaul/Venetien/Giulia) Hellroter, trockener Tischwein, blumig aus Treviso, leicht bitter aus Udine; 11–12%, 18–20 Grad

Merlot Trentino (Trentino/Oberetsch) Hellroter trockener Tischwein, der seine volle Reife nach zwei bis drei Jahren erreicht hat; 12–13,5%, 16–18 Grad

Mistella (Apulien) Rubinroter, voller Dessertwein, mit delikater Blume; 17–18%, 10 Grad

Monica (Sardinien) Aromatischer, roter Dessertwein, paßt hervorragend zu getrocknetem Obst; 15–17%, 18–20 Grad

Montecompatri (Latium) Trockener, goldgelber Tischwein; 12%, 8–10 Grad

Montepulciano d'Abruzzo (Abruzzen/Molise) Granatroter, voller Tischwein mit intensiver Blume; nach ausreichender Lagerung für Braten zu empfehlen; 12–13%, 18 Grad

Montepulciano Piceno (Marken) Hellroter, trockener Tischwein, blumig und süffig, für Braten geeignet; 12–13%, 18 Grad

Moscadello di Montalcino (Toskana) Blaßgelber Aperitif und Dessertwein, leicht schäumend mit Muskatblume; 8–9%, 15–16 Grad

Moscato d'Asti (Piemont/Aostatal) Blaßgelber, süßer Dessertwein mit lebhaftem natürlichem Schaum, bei frischem Geschmack und leichter Muskatblume; 7–9%, 8 Grad

Moscato d'Elba (Toskana) Aromatischer, hellgelb funkelnder Dessertwein; 13–15%, 10–12 Grad

Moscato del Campidano (Sardinien) Goldgelber, aromatischer Dessertwein, süß mit köstlicher Blume; er zählt zu den besten Weinen Sardiniens.

Moscato delle Murge (Apulien) Bernsteingelber Dessertwein, aromatisch und süß; 15–17%, 8–10 Grad

Moscato dello Zucco (Sizilien) Sehr aromatischer, goldgelber, starker Dessertwein; 16%, 12–13 Grad

Moscato del Vulture (Basilikata) Strohgelber Dessertwein mit natürlichem Schaum, aromatisch und süß; 11–15%, 15–16 Grad

Moscato di Arqua (Venetien) Hellgelber, süßer, aromatischer Dessertwein; 8–9%, 14–15 Grad

Moscato di Casteggio (Lombardei) Blaßgelber Dessertwein, süß mit delikater Blume; 8–9%, 10–12 Grad

Moscato di Cosenza (Kalabrien) Bernsteingelber, süßer Dessertwein, feurig und mit intensiver Blume; 12–15%, 9–10 Grad

Moscato di Noto (Sizilien) Goldgelber Dessertwein, samtartig im Geschmack, mit delikater Blume; 15–16%, 12–13 Grad

Moscato di Pantelleria (Sizilien) Bernsteingelber, nicht ganz klarer Dessertwein, voll und weich im Geschmack mit starkem Aroma; 15–16%, 12–13 Grad

Moscato di Salento (Apulien) Goldgelber Dessertwein mit aromatischer Blume; 15%, 6–7 Grad

Moscato di Siracusa (Sizilien) Goldgelber, feuriger, seltener Dessertwein, der nach etwa drei Jahren Lagerung die Farbe von Honig und eine intensive, angenehme Blume hat; 16%, 12–13 Grad

Moscato di Terracina (Latium) Hellgelber, wohlriechender Dessertwein, süß und spritzig; 10–12%, 8 Grad

Moscato di Trani (Apulien) Goldgelber Dessertwein mit einer Blume, die an welkende Rosen erinnert; 16–17%, 8–9 Grad

Moscato Giallo (Trentino/Oberetsch) Bernsteinfarbener Dessertwein mit vollem Geschmack; 15–16%, 16–18 Grad

Nasco (Sardinien) Goldgelber Dessertwein mit dem Duft von Orangenblüten; 15–16%, 10–12 Grad

Nebbiolo dolce (Piemont/Aostatal) Klarer, hellroter Dessertwein mit feinem Aroma; 9–10%, 10 Grad

Nebbiolo secco (Piemont/Aostatal) Rubinroter Tischwein, wie der Barolo und Barbaresco aus der Nebbiolo-Traube hergestellt; er besitzt von allen aus der Nebbiolo-Traube hergestellten Weinen das stärkste Veilchenaroma und verbessert seine Qualität nach einer Lagerung von 3–4 Jahren ganz erheblich; 11–13%, 18 Grad

Nuragus (Sardinien) Trockener, blaßgelber Wein, sehr erfrischend; er soll der älteste Wein Sardiniens sein; 12–13,5%, 8 Grad

Ogliastra (Sardinien) Hellroter, leicht süßer Tischwein, aromatisch und voll, paßt gut zu Wild; 14–15%, 18–20 Grad

Oliena (Sardinien) Lieblicher, tiefroter Dessertwein, blumig und voll; 13–15%, 18 Grad

Orvieto (Umbrien) Goldgelber, nicht immer ganz klarer Wein, ölig und mit leicht bitterem Nachgeschmack; er verdient den guten Ruf, den er in aller Welt genießt; es wird Orvieto ›secco‹ und ›abboccato‹ produziert; 12–13%, 8–10 Grad

Pellaro (Kalabrien) Blumiger, leicht süßer Rotwein, der gut zu Braten paßt; 16%, 18–20 Grad

Perdia Rubia rossato (Sardinien) Blaßroter, trockener Wein, der sich als Aperitif und zum Dessert eignet; 15–16%, 15 Grad, als Aperitif 8–10 Grad

Perdia Rubia rosso (Sardinien) Dunkelroter Tischwein, trocken mit angenehmer Blume, für Braten zu empfehlen; 15–16%, 18 Grad

Piccolit (Breganze) Hellgelber, lieblicher Dessertwein, der drei bis vier Jahre lagern sollte; 13–14%, 16–18 Grad

Pinot (Friaul) Klarer, goldgelber Tischwein mit delikater Blume, im Geschmack säuerlich und leicht bitter, für Fischgerichte zu empfehlen; 10–14%, 10–12 Grad

Pinot bianco – Bordogna bianco (Trentino/Oberetsch) Hellgelber, blumiger Wein mit leicht bitterem Nachgeschmack, als Aperitif und zu Fischgerichten geeignet; 13,5%, 10–12 Grad

Pinot Grigio (Friaul) Blumiger Tischwein von graurosa Farbe, für Vorspeisen und Fischgerichte; 12–13%, 13–15 Grad

Pinot nero (Trentino/Oberetsch) Voller, roter Tischwein, der zwei bis drei Jahre lagern sollte, sehr zu empfehlen für Wild und Braten; 12–13%, 16–18 Grad

Polvecera (Ligurien) Klarer, hellgelber Tischwein, trocken, manchmal auch süßlich, mit zarter Blume, für Fischgerichte geeignet; 10–11%, 8–10 Grad

Portofino (Ligurien) Trockener Tischwein, hellgelb, mit leicht bitterem Nachgeschmack, paßt gut zu Fisch; 10–11%, 8–10 Grad

Primotivo di Gioia – Gioia del Collo (Apulien) Feuriger Rotwein, der im Alter eine angenehme Blume gewinnt, mit rotem Schaum, ›secco‹ zu Braten, ›amabile‹ Dessertwein; 14–15%, 18 Grad

Procanico (Insel Elba) Hellgelber, trockener Tischwein mit angenehmer Blume; er paßt zu Kaviar, Krusten- und Schalentieren

Prosecco (Venetien) Herber, goldgelber Weißwein, der zu Vorspeisen, Fisch und Käse paßt; 10–12%, 9–10 Grad

Prosecco Spumante (Venetien) Hellgelber, klarer Dessertwein mit lebhaftem Schaum, halbsüß oder süß; 11%, 7–8 Grad

Raboso – Raboso di Piave – Friularo (Venetien) Voller, säuerlicher Rotwein mit delikater Blume, der gut zu Braten und Geflügel paßt; 12–13%, 18 Grad

Ravello (Kampanien) Voller, hellgelber Tischwein, der durch Lagerung seine Qualitäten verbessert; er ist für Fischgerichte zu empfehlen; 12%, 8–10 Grad

Recioto (Venetien) Blaßgelber, lieblicher Wein, der aus dem besten Teil der Trauben hergestellt wird; 12–13%, 16 Grad

Recioto Amarone (Venetien) Dunkelroter, trockener Tischwein, von dem nur eine geringe Menge hergestellt wird; er paßt sehr gut zu Wild und Braten; 13%, 18–20 Grad

Recioto rosso (Venetien) Rubinroter, blumiger, lieblicher Tischwein; 13–14%, 18–20 Grad

Refosco – Refosco Nostrano – Peducolo Rosso (Friaul) Rubinroter Wein mit delikater Blume, trocken und erfrischend, für Braten zu empfehlen; 12–13%, 18–20 Grad

Riesling – Riesling Renano (Trentino/Oberetsch) Blaßgelber bis grünlicher Tischwein, sehr süffig, für Vorspeisen und Fisch zu empfehlen; 12–13%, 18 Grad

Rosato del Salento (Apulien) Klarer, hellroter Dessertwein, frisch und harmonisch im Geschmack; 12–13%, 18 Grad

Rosso Montesanto (Marken) Rubinroter, blumiger, angenehmer Tischwein; 11–13%, 18 Grad

Rosso Piceno (Marken) Klarer, hellroter Tischwein mit leicht bitterem Geschmack; 10–12%, 18–20 Grad

Rosso Riviera del Garda (Lombardei) Trockener, rubinroter Tischwein mit mandelartiger Blume; 11–12%, 18–20 Grad

Rosso Rubino di Viverone (Piemont/Aostatal) Trockener Tischwein von rubinroter Farbe; 12–13%, 18–20 Grad

Rosso Val d'Adige (Trentino/Oberetsch) Rubinroter, leicht säuerlicher Tischwein, der zwei Jahre lagern sollte; 10–11%, 18 Grad

Rubino della Marca – Rubino del Piave (Venetien) Rubinroter, blumiger Tischwein, der gut zu gekochtem Fleisch paßt; 10%, 16–18 Grad

Sacrantino (Umbrien) Meist süßer Rotwein mit schöner Blume, der sich besonders für weißes Fleisch eignet; 10–12%, 16–18 Grad

Sanginella (Kampanien) Goldgelber, schäumender Wein, lieblich und blumig; Aperitif und Dessertwein; 12–14%, 10–12 Grad

Sangiovese (Emilia/Romagna) Rubinroter, trockener Wein mit einer veilchenartigen Blume; der Wein muß mindestens ein Jahr lagern; nach vier bis fünf Jahren hat er jedoch erst seine wirkliche Reife erlangt; 11–13%, 18–20 Grad

Sangue di Giuda (Lombardei) Roter Tischwein, leicht schäumend und süß mit zart bitterem Nachgeschmack; 12–13%, 18–20 Grad

Santa Maddalena – Magdalener (Südtirol) Roter Qualitätswein, voll und weich; 12–13%, 18–20 Grad

Sarticola (Ligurien) Blaßgelber, trockener Tischwein mit delikater Blume; in geringen Mengen wird roter Sarticola produziert; es gibt auch einen ›dolce‹-Typ als Dessertwein; 10–11%, 8–10 Grad

Sassella (Lombardei) Lebhafter, rubinroter, edler Tischwein mit delikater Blume, der mindestens drei Jahre reifen sollte; er paßt besonders gut zu Braten und Wild; 12–13%, 18–20 Grad

Sauvignon (Giulia) Hellgelber, angenehmer und blumiger Wein; 12–13%, 8–10 Grad

Savuto (Kalabrien) Roter Tischwein, angenehm säuerlich und blumig; 13–14%, 18 Grad

Soave (Venetien) Halbsüßer bis trockener, klarer, hellgelber Tischwein für Vorspeisen und Fische; 11–12%, 10–12 Grad

Terlaner – Terlano (Trentino/Oberetsch) Hellgelber, aromatischer Wein mit zarter Blume, trocken und erfrischend; er eignet sich als Aperitif, zu Vorspeisen und Fisch; 11–12%, 10–12 Grad

Teroldego (Trentino/Oberetsch/Mezzolombardo)
Leicht säuerlicher Rotwein mit mandelartiger Blume, der zwei bis drei Jahre lagern sollte; 12–13%, 10–20 Grad

Terralba bianco (Sardinien) Strohgelber, voller Tischwein, meist trocken, manchmal süß. Er paßt zu Fischgerichten; 12–13%, 10–12 Grad

Terralba rosso (Sardinien) Trockener, voller, roter Tischwein, für Braten geeignet; 13–14,5%, 20–22 Grad

Terrano del Carso – Terrano vom Karst (Friaul) Süffiger Rotwein, mit einer Blume, die an Himbeeren erinnert; er ist für Vorspeisen zu empfehlen; 9–9,5%, 14–16 Grad

Tocai (Venetien) Hellgelber, klarer Tischwein für Fische, blumig mit leicht bitterem Nachgeschmack; man sagt zwar, die Tokayer Traube sei im sechzehnten Jahrhundert von Italien nach Ungarn verpflanzt worden; aber der italienische Tocai hat keine Ähnlichkeit mit dem ungarischen Tokayer; 12%, 10–12 Grad

Tocai del Collio (Giulia) Trockener, hellgelber, starker Tischwein für Fischgerichte; 13%, 12–14 Grad

Tocai del Garda (Lombardei) Gelb bis grünlicher Tischwein, blumig und leicht süß, für Fische zu empfehlen; 13–14%, 12–14 Grad

Tocai Friulano (Friaul) Gelblicher ins Grüne scheinender Tischwein, trocken und aromatisch, für Fische und weißes Fleisch zu empfehlen; 11–12%, 10–12 Grad

Torbato Extra (Sardinien) Goldgelber, leicht süßlicher Dessertwein; 16–17%, 14 Grad

Torbato Passito (Sardinien) Goldgelber, likörartiger, süßer Dessertwein mit zarter Blume; 17–18%, 18 Grad

Torbato Secco (Sardinien) Bernsteingelber, trockener Wein, der sich als Aperitif und für edle Fische eignet; 13–14%, 14 Grad

Torre Giulia (Apulien) Goldgelber, trockener Tischwein, den man zu Vorspeisen und Fisch trinkt; ausreichend gelagert schmeckt er sehr gut zu Austern; 13–14%, 10 Grad

Torre Quarto (Apulien) Granatroter, trockener Tischwein mit delikater Blume, für Braten geeignet; 13–14%, 18–20 Grad

Traminer (Trentino/Oberetsch) Hellgelber, voller Tischwein mit besonderem Aroma, gut zu Austern und Fischen; 13–14%, 8–10 Grad

Trebbiano d'Abruzzo (Abruzzen) Trockener, goldgelber Tischwein für Fischgerichte; 11–12%, 8–10 Grad

Ugolino bianco – Biserno (Toskana) Hellgelber Tischwein, angenehm und blumig, für Fischgerichte zu empfehlen; 10–11%, 8–9 Grad

Valle Isarco (Trentino/Oberetsch) Gelbgrüner, leicht blumiger Wein, der etwa zwei Jahre reifen sollte; er eignet sich als Aperitif und für Vorspeisen; 11–12%, 10–12 Grad

Valpantena (Venetien) Klarer, roter Tischwein, trocken und voll; er ist reif nach eineinhalb Jahren Lagerung; 11%, 17–18 Grad

Valpolicella (Venetien) Leicht moussierender Rotwein, manchmal trocken, manchmal auch lieblich; 12–13%, 18–20 Grad

Velletri bianco (Latium) Im allgemeinen hellgelber, trockener Tischwein, es gibt aber auch Velletri bianco ›amabile‹ als Dessertwein; 10–12%, 8–10 Grad

Velletri rosso (Latium) Roter Tischwein mit schöner Blume, der sich, wenn er gelagert ist, gut zu Braten eignet; 12–13%, 18–20 Grad

Verdicchio dei Castelli di Jesi (Marken) Leuchtend gelber Tischwein ›secco‹ oder ›semi secco‹, der durch Lagerung seine Qualität sehr verbessert; er ist für Fischgerichte und Vorspeisen zu empfehlen; 12–14%, 7–8 Grad

Verdiso (Venetien) Herber, strohgelber Tischwein mit angenehmer Blume; 10–12%, 8–10 Grad

Verduzzo (Friaul) Goldgelber, süßer Wein, aus getrockneten Trauben gekeltert, ein erfrischender Tisch- oder Dessertwein; 9–10%

Vermentino di Gallura (Sardinien) Strohgelber Wein mit leicht bitterem Nachgeschmack; trocken wird er zu Vorspeisen und Fisch getrunken, ›dolce‹ ist er ein guter Dessertwein; 14–14,5%, 6–8 Grad

Vermentino Ligure (Ligurien) Trockener, leicht schäumender, erfrischender Wein, der zu Fischgerichten und am Schluß der Mahlzeit getrunken wird; 12–13%, 7–8 Grad

Vermouth di Torino (Piemont) Wermutrezepte sind strenggehütete Geheimnisse der Hersteller; die Grundbestandteile sind ein neutraler Weißwein mit ›Moscato d'Asti‹; dazu werden verschiedene Kräuter, gebrannter Zucker und Alkohol gegeben; es werden Vermouth ›bianco‹, ›rosso‹ und ›secco‹ produziert; 15–16%, 18–20 Grad oder eisgekühlt

Vernaccia (Sardinien) Goldgelber, nach Mandelblüten duftender Wein; man trinkt ihn als Aperitif und zu Fischgerichten; 16–17%, 6–8 Grad

Vernaccia di San Gimignano (Toskana) Goldgelber, erfrischender, leicht säuerlicher Tischwein, der mit dem Vernaccia aus Sardinien keine Ähnlichkeit hat; man trinkt ihn zu Vorspeisen und Fisch; 12–13%, 7–8 Grad

Vesuvio (Kampanien) Dunkelroter bis violetter Wein mit lebhaftem Schaum, trocken und blumig; 10–12%, 18–20 Grad

Villa (Lombardei) Rubinroter, erfrischender, trockener Tischwein; 12–13%, 18–20 Grad

Vino Nobile di Montepulciano (Toskana) Rubinroter ins Violette schimmernder Tischwein, herb mit einer feinen Veilchenblume und leichtem Weichselkirschengeschmack, für Braten empfehlenswert; 12–13%, 18–20 Grad

Vino Santo Toscano (Toskana) Goldgelber Dessertwein, der aus Trauben gekeltert wird, die schon fast trocken sind; der Wein braucht drei bis vier Jahre bis zur Reife; 15–18%, 15–16 Grad

Zagarese (Apulien) Rubinroter, süßer Dessertwein mit schönem Aroma; 17–18%, 18–20 Grad

Zagarolo (Latium) Goldgelber Tischwein, blumig und trocken, für Fischgerichte zu empfehlen

Zucco (Sizilien) Bernsteinfarbener, feuriger Wein. Trocken Tischwein, süß Dessertwein; 15–16%, trocken 10 Grad, süß 18 Grad

Zusammenstellung der Weine nach Anbaugebieten

Abruzzen/Molise
Cerasuolo d'Abruzzo 100, Montepulciano d'Abruzzo 108, Trebbiano d'Abruzzo 116

Apulien
Aleatico di Puglia 94, Barletta 96, Castel del Monte bianco, rosato, rosso 99, Malvasia bianco oder Malvasia di Brindisi 106, Mistella, Moscato delle Murge 108, Moscato di Salento, Moscato di Trani 109, Primotivo di Gioia oder Gioia del Collo 111, Rosato del Salento 112, Torre Giulia 115, Torre Quarto 116, Zagarese 118

Basilikata
Aglianico del Vulture 93, Malvasia del Vulture 106, Moscato del Vulture 109

Emilia/Romagna
Albana, Albana dolce 94, Bianco di Scandiano, Bianco di Scandiano (spumante) 96, Lambrusco di Castelverto, Lambrusco di Sorbara, Lambrusco Gasparosa, Lambrusco Salamino 106, Sangiovese 113

Friaul/Venezia/Giulia
Bianco dei Colli Friulani e Goriziani, Bianco del Collio 96, Merlot 107, Piccolit, Pinot, Pinot Grigio 111, Refosco, Refosco Nostrano, Peducolo Rosso 112, Sauvignon 114, Terrano del Carso, Terrano vom Karst, Tocai del Collio, Tocai Friulano 115, Verduzzo 117

Kalabrien
Balbino d'Altromontone 95, Ciro di Calabria 101, Greco di Gerace, Lacrima 105, Moscato di Cosenza 109, Pellaro 110, Savuto 114

Kampanien
Aglianico 93, Aspirinio 95, Biancolella 96, Capri bianco, rosso 99, Epomeo bianco, rosso, Falerner rosso, Falerno 103, Forastera, Forastera d'Ischia, Gragnano 104, Ischia bianco, Ischia rosso, Lacrima Christi, rosato, rosso 105, Ravello 112, Sanginella 113, Vesuvio 117

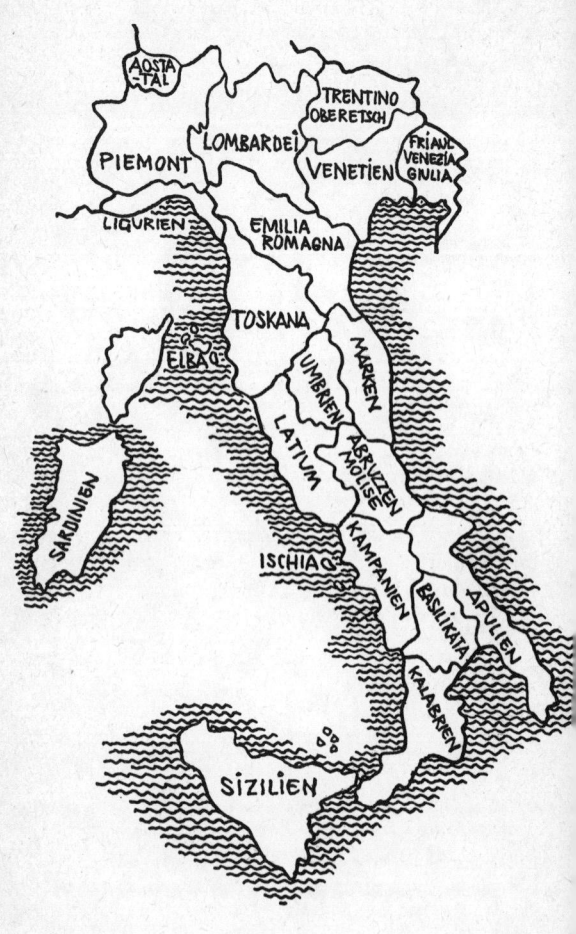

Karte der Weinanbaugebiete

Latium
Aleatico di Gradoli 94, Cannellino di Frascati, abboccato, dolce 99, Colli Albani, Colli Lanuvi oder Lanuvio 101, Est! Est!! Est!!! 103, Grottaferrata 105, Malvasia di Grottaferrata, Marino 107, Montecompatri 108, Moscato di Terracina 109, Velletri bianco, rosso 116, Zagarolo 118

Ligurien
Cinquettere, auch Sciacchetra 101, Coronata, Cortese di Liguria, Dolceacqua 102, Polvecera, Portofino 111, Sarticola 114, Vermentino Ligure 117

Lombardei
Barbagallo oder Barbacarlo 95, Buttafuoco 97, Chiaretto del Garda 101, Frecciarossa, bianco, rosato, rosso 104, Inferno 105, Moscato di Casteggio 109, Rosso Riviera del Garda, Sangue di Giuda 113, Sassella 114, Tocai del Garda 115, Villa 117

Marken
Bianco Piceno 96, Montepulciano Piceno 108, Rosso Montesanto, Rosso Piceno 113, Verdicchio dei Castelli di Jesi 116

Piemont/Aostatal
Asti Spumante, Barbaresco, Barbera, Spumante Barbera, Barbera amabile 95, Barolo 96, Bonarda, Brachetto, Caluso Passito 97, Chiaretto di Viverone 101, Cortese oder Gavi 102, Fara 103, Gattinara 104, Grignolo oder Grignolino 105, Moscat d'Asti 108, Nebbiolo dolce, Nebbiolo secco 110, Rosso Rubino di Viverone 113, Vermouth di Torino 117

Sardinien
Anghelu Ruiu 94, Cannonu 99, Dorato di Sorso 102, Girò 104, Malvasia del Campidano 106, Malvasia di Bosa, Mandrolisai 107, Monica, Moscato del Campidano 108, Nasco, Nuragus, Ogliastra, Oliena, Perdia Rubia rossato 110, Perdia Rubia rosso 111, Terralba bianco, Terralba rosso 114, Torbato Extra, Torbato Passito, Torbato Secco 115, Vermentino di Gallura, Vernaccia 117

Sizilien
Albanello di Siracusa, Ambrato di Comiso 94, Cerasuolo di Vittoria 100, Corvo Bianco di Casteldaccia, di Salaparuta, Corvo Ròsso di Casteldaccia, die Salaparuta, Eloro bianco 102, Eloro rosso 103, Etna bianco, rosso 103, Faro 104, Malvasia di Lipari, Mamertino, Marsala 107, Moscato dello Zucco, Moscato di Noto, Moscato di Pantelleria, Moscato di Siracusa 109, Zucco 118

Toskana
Aleatico di Portoferraio, Ansonica, Arbia 94, Bianco Vergine dei Colli Aretini, Brunello di Montalcino 97, Candia bianco, rosso, Chianti Classico, Chianti dei Colli Aretini, Chianti dei Colli Fiorentini, Chianti dei Colli Senesi, Chianti delle Colline Pisane 99, Chianti Montalbano, Chianti Rufina 101, Moscadello di Montalcino, Moscato d'Elba 108, Procanico 111, Ugolino bianco oder Biserno 116, Vernaccia di San Gimignano 117, Vino Nobile di Montepulciano, Vino Santo Toscano 118

Trient/Oberetsch (Südtirol)
Bianco Val d'Adige 96, Casteller 100, Lago di Caldaro, Kalterer See, auch Appiano 105, Lagrein Kretzer 106, Marzemino, Merlot Trentino 107, Moscato Giallo 110, Pinot bianco oder Bordogna bianco, Pinot nero 111, Riesling oder Riesling Renano 112, Rosso Val d'Adige 113, Santa Maddalena, Magdalener, Terlaner, Terlano, Teroldego 114, Traminer, Valle Isarco 116

Umbrien
Greco 105, Orvieto 110, Sacrantino 113

Venetien
Barbarano bianco, Barbarano rosso, Bardolino 95, Bianco di Conegliano 96, Breganze bianco, rosso, Cabernet di Treviso 97, Friularo, auch Raboso oder Raboso di Piave, Gambellara 104, Moscato di Arqua 109, Prosecco, Prosecco Spumante, Raboso, auch Raboso di Piave oder Friularo Recioto, Recioto Amarone, Recioto rosso 112, Rubino della Marca oder Rubino del Piave 113, Soave 114, Tocai 115, Valpantena, Valpolicella 116, Verdiso 117

Wörterverzeichnisse
Speisenregister

Internationale Campingküche

Sibylle Bach
Best.-Nr. 80620
120 Rezepte
für Camping, Caravaning,
Boot und Bungalow
3. Aufl. 112 Seiten, ill., Linson
DM 7,80

Dieses handliche Kochbuch von Sibylle Bach
ist ein vielseitiger Ratgeber für Ferienköche
mit praktischen Küchentips und erprobten
Rezepten aus vielen Ländern Europas. Die
Auswahl reicht vom Holzhackerschmarrn bis
zur Bouillabaisse und vom Borschtsch bis
zum Irish Stew. Wichtig ist: Alle Gerichte
können in zwei Kochtöpfen oder in einem
Kochtopf und einer Bratpfanne zubereitet werden! Ein Sprachführer hilft beim Einkauf im
Ausland.

Ernst Hürlimann hat diesen Wegweiser durch
die europäischen Märkte und Küchen in be-
währter Manier humorvoll illustriert.

ADAC Verlag GmbH
8 München 70, Baumgartnerstr. 53

Wörterverzeichnis italienisch–deutsch

Die Vokabeln stehen im Plural, sofern der tägliche Gebrauch diese Form erfordert.

acciughe Anschovis
aceto Essig
ácido sauer
acqua Wasser
acqua dolce Süßwasser
acqua minerale Mineralwasser
acqua potabile Trinkwasser
affettato Aufschnitt
affumicato geräuchert
áglio Knoblauch
agro scharf, sauer
albicocche Aprikosen
alla griglia gegrillt
amarene Weichselkirschen
ananas Ananas
anguilla Aal
anitra Ente
antipasto Vorspeise
aragosta Hummer, Languste
arance Orangen
aromatico würzig
arringa Hering
arrostito gebraten
arrosto Braten
arrosto d'agnello Lammbraten
arrosto di bue Ochsenbraten
arrosto di maiale
  Schweinebraten
arrosto di manzo
  Rinderbraten
arrosto d'oca Gänsebraten
aspáragi Spargel

baccalà Stockfisch
banane Bananen
bevanda Getränk
bicchieri Gläser
birra Bier
biscotti Biskuit, Gebäck
bistecca Beefsteak
bottiglia Flasche

brodo Bouillon, Kraftbrühe
budino Pudding
burro Butter

cacao Kakao
caffè Kaffee
calamari Tintenfische
cameriere Kellner
cantarelli Pfifferlinge
capra Ziege
capriolo Reh
carciofi Artischocken
carne Fleisch
carne tritata Hackfleisch
carote gelbe Rüben
carpio Karpfen
castagne Maroni
cattivo schlecht
caviale Kaviar
cavolfiore Blumenkohl
cávolo Kohl
cávolo di bruxelles
  Rosenkohl
cávolo rosso Rotkraut
cena Abendessen
cervello Hirn
cetruoli Gurken
ciliege Kirschen
cinghiale Wildschwein
cioccolato Schokolade
cipolle Zwiebeln
cocomero Wassermelone
colazione Frühstück
coltello Messer
composta Kompott
con mit
condimento Würze
confettura Konfitüre
coniglio Kaninchen
conserva Konserve
conto Rechnung

coscia Haxe
costare kosten (Geld)
co(s)toletta Kotelett
cotoletta di maiale
  Schweinskotelett
cotto gekocht
cozze Miesmuscheln
crema Rahm, Sahne
crudo roh
cucchiaio Löffel
cuore Herz

dátteri Datteln
dessert Nachspeise
dieta Diät
dolce Dessert, süß
duro hart, zäh

eglefino Schellfisch

fagiolini grüne Bohnen
fegato Leber
fegato di manzo Rinderleber
fegato di vitello Kalbsleber
fetta Scheibe, Schnitte
fichi Feigen
filetto Filet
filetto di manzo Rinderfilet,
  Rumpsteak
filetto di vitello Kalbslende
fisso fest (Preis)
focaccia Kuchen
forchetta Gabel
formaggio Käse
formaggio di capra
  Ziegenkäse
formaggio parmigiano
  Parmesankäse
formaggio svizzero
  Schweizerkäse
forte käftig, scharf
frágole Erdbeeren
freddo kalt
fresco frisch
frittata con prosciutto
  Omelett mit Schinken
fritto gebacken (in Fett)
frutta Obst

frutta cotta Kompott
frutti di mare Meeresfrüchte
funghi Champignons
funghi porcini Steinpilze

gámberi Krebse
gelato Eis, eisgekühlt
giuncata Quarkkäse
granchi Krabben
grasso fett
gratella Grill
gustare kosten, schmecken

insalata Salat
insalata di pollo Geflügelsalat
involtini Rouladen

lamponi Himbeeren
lardo Speck
latte Milch
leggero leicht
lenti Linsen
lepre Hase
limonata Limonade
limoni Zitronen
lingua Zunge
lista Speisekarte
lista dei vini Weinkarte
litro Liter
lombata Lendenbraten
lombato di bue Rindslende
lombo Lende
luccio Hecht
lumache Schnecken

maccheroni Makkaroni
macedonia di frutta
  Obstsalat
magro mager
maiale Schwein
maionese Mayonnaise
mandarini Mandarinen
mandorle Mandeln
manzo Rind
marasche Weichselkirschen
margarina Margarine
marmellata Marmelade
marroni Eßkastanien

maturo reif
melagrana Granatapfel
melanzane Auberginen
mele Äpfel
merluzzo Kabeljau
metà Hälfte
miele Honig
minestra Suppe
minestra di pomodori
 Tomatensuppe
mirtilli Heidelbeeren
mirtilli rossi Preiselbeeren
misto gemischt
mitilli Miesmuscheln
molle weich
molto caldo heiß
montone Hammelfleisch
more di rovo Brombeeren
múscoli Miesmuscheln

naturale natur
noce di cocco Kokosnuß
noci Nüsse

olio Öl
olive Oliven
ostriche Austern

pagare zahlen
pagliuzza Strohhalm
panato paniert
pane Brot
pane biscottato Zwieback
panini Brötchen
panino con salame Salamibrot
panna Sahne, Rahm
panna montata Schlagsahne
pan nero Schwarzbrot
parmigiano Parmesankäse
pasticcio Pastete
patate fritte Bratkartoffeln
patate lesse Salzkartoffeln
patate saltate Bratkartoffeln
patitine fritte Pommes frites
pecora Schaf
pecorino Schafskäse
pepato gepfeffert
pepe Pfeffer

peperoni Paprikaschoten
peperoni ripieni
 gefüllte Paprikaschoten
per cento Prozent
pere Birnen
pernice Rebhuhn
pesce Fisch
pesce di mare Seefisch
pesce fritto Bratfisch
pesche Pfirsiche
pezzo Stück
piatto Teller
piatto d'affettato Wurstplatte
piatto principale
 Hauptgericht
piccante pikant, scharf
píccolo klein
pignoli Pinienkerne
piselli Erbsen
pistacchi Pistazien
pollame Geflügel
pollo Hähnchen, Huhn
polpo Polyp
pomodori, pomidori
 Tomaten
pompelmo Pampelmuse
porchetto Spanferkel
porro Lauch, Porree
porzione Portion
pranzo Mittagessen
presto rasch
prezzemolo Petersilie
prezzo Preis
prosciutto Schinken
provatura Quark
prugne Pflaumen
prugne secche Backpflaumen
purè di patate Kartoffelpüree

quarto Viertel

rabárbaro Rhabarber
ráfano Rettich
razza, raia Rochen
ribes Johannisbeeren
ricci di mare Seeigel
riso Reis
rognoni Nieren

rosbiffe Roastbeef
rotella di manzo
  Rindsroulade

sala da pranzo Speisezimmer
salato salzig
salsiccia Wurst
sale Salz
salmone Lachs, Salm
salsa Soße
salsiccette Würstchen
salsiccia arrostita Bratwurst
sardine Sardinen
scaloppina Schnitzel
scaloppina alla viennese
  Wiener Schnitzel
scaloppina di maiale
  Schweineschnitzel
scaloppina di vitello
  Kalbsschnitzel
sédano Sellerie
selvaggina Wild
sénape Senf
senza ohne
sgombro Makrele
sógliola Scholle, Seezunge
spezzatino di carne Gulasch
spezzato Ragout
spiedo Spieß
spinaci Spinat
stoccafisso Stockfisch
stómaco Magen
stufato gedämpft
succo Saft
succo di frutta Obstsaft
succo di limone
  Zitronensaft
succo di pomodori
  Tomatensaft
succoso saftig

tacchino Truthahn
tagliare schneiden
tagliatelle Nudeln
tazza Tasse
tè Tee
ténero zart
tonno Thunfisch
tonno sott'olio
  Thunfisch in Öl
torta Torte
tovagliolo Serviette
trota Forelle

uova Eier
uova alla coque
  weichgekochte Eier
uovo al tegame Spiegelei
uova strapazzate Rühreier
uva Trauben
uva passa Rosinen
uva spina Stachelbeeren

vegetariano vegetarisch
verde grün
verdura Gemüse
verzetto Wirsing
vino Wein
vino da pasto Tischwein
vino di paese Landwein
vino rosso Rotwein
vino spumante Schaumwein
vitello Kalb
vóngole Muscheln

zibibbi Rosinen
zúcchero Zucker
zuppa di cipolle
  Zwiebelsuppe
zuppa di coda di bue
  Ochsenschwanzsuppe

Wörterverzeichnis deutsch–italienisch

Aal anguilla
Abendessen cena
Äpfel mele
Ananas ananas
Anschovis acciughe
Apfelsinen arance
Aprikosen albicocche
Artischocken carciofi
Auberginen melanzane
Aufschnitt affettato
Austern ostriche

Backpflaumen prugne secche
Bananen banane
Beefsteak bistecca
Bier birra
Birnen pere
Biskuit biscotti
Blumenkohl cavolfiore
Bohnen, grüne fagiolini
Bouillon brodo
Braten arrosto
Bratfisch pesce fritto
Bratkartoffeln patate frite
Bratwurst salsiccia arrostita
Brötchen panini
Brombeeren more di rovo
Brot pane
Butter burro

Champignons funghi

Datteln dátteri
Dessert dolce
Diät dieta

Eier uova
Eis, eisgekühlt gelato
Ente anitra
Erbsen piselli
Erdbeeren frágole
Essig aceto

Feigen fichi

fett grasso
Filet filetto
Fisch pesce
Flasche bottiglia
Fleisch carne
Forelle trota
frisch fresco
Frühstück colazione
frühstücken far la colazione

Gabel forchetta
Gänsebraten arrosto d'oca
gebacken (in Fett) fritto
Gebäck biscotti
gebraten arrostito
gedämpft stufato
Geflügel pollame
Geflügelsalat insalata di pollo
gegrillt alla gríglia
gekocht cotto
gelbe Rüben carote
gemischt misto
Gemüse verdura
gepfeffert pepato
geräuchert affumicato
Getränk bevanda
Gläser bicchieri
Granatapfel melagrana
Grill gratella
grün verde
Gulasch gulasc, spezzatino di carne
Gurken cetrioli

Hackfleisch carne tritata
Hähnchen pollo
Hälfte metà
Hammelfleisch montone
hart duro
Hase lepre
Hauptgericht piatto principale
Haxe coscia
Hecht luccio
Heidelbeeren bayole, mirtilli

129

heiß molto caldo, bollente
Hering aringa
Herz cuore
Himbeeren lamponi
Hirn cervello
Honig miele
Huhn pollo
Hummer aragosta

Joghurt yoghurt
Johannisbeeren ribes

Kabeljau merluzzo
Käse formaggio
Kaffee caffè
Kakao cacao
Kalb vitello
Kalbsleber fegato di vitello
Kalbslende filetto di vitello
Kalbsschnitzel
  scaloppina (di vitello)
kalt freddo
Kaninchen coniglio
Karotten carote
Karpfen carpio
Kartoffeln patate
Kartoffelpüree purea di patate
Kastanien marroni
Kaviar caviale
Kellner cameriere
Kirschen ciliege
klein píccolo
Knoblauch áglio
Kohl cávolo
Kokosnuß noce di cocco
Kompott
  composta, frutta cotta
Konfitüre
  confettura, marmellata
Konserve conserva
kosten (Geld) costare
kosten (Geschmack)
  gustare
Kotelett co(s)toletta
Krabben granchi
Kraftbrühe brodo
Krebse gámberi
Kuchen focaccia

Lachs salmone
Lammbraten arrosto d'agnello
Landwein vino di paese
Languste aragosta
Lauch porro
Leber fegato
leicht leggero
Lende lombo
Lendenbraten
  lombata (filetto)
Limonade limonata
Linsen lenti
Liter litro
Löffel cucchiaio

Magen stómaco
mager magro
Makkaroni maccheroni
Makrele sgombro
Mandarinen mandarini
Mandeln mandorle
Margarine margarina
Marmelade marmellata
Mayonnaise maionese
Meeresfrüchte frutti di mare
Melone melone
Messer coltello
Miesmuscheln cozze, muscoli
Milch latte
Mineralwasser acqua minerale
mit con
Mittagessen pranzo
Muscheln cozze, vóngole

Nachspeise dessert
natur naturale, puro
Nieren rognone
Nudeln tagliatelle
Nüsse noci

Obst frutta
Obstsaft succo di frutta
Obstsalat macedonia di frutta
Ochsenbraten arrosto di bue
Ochsenschwanzsuppe
  zuppa di coda di bue
Öl olio
ohne senza

Oliven olive
Omelett mit Schinken
frittata con prosciutto
Orangen arance

Pampelmuse pompelmo
paniert panato
Paprikaschoten peperoni
Paprika, gefüllt
peperone ripieno
Parmesan parmigiano
Pastete pasticcio
Petersilie prezzemolo
Pfeffer pepe
Pfifferlinge cantarelli
Pfirsiche pesche
Pflaumen prugne
pikant piccante
Pilze funghi
Pinienkerne pignoli
Pistazien pistacchi
Polyp polpo
Pommes frites patatine fritte
Porree porro
Portion porzione
Preis prezzo
Preiselbeeren mirtilli rossi
Prozent per cento
Pudding budino

Quark (käse)
giuncata (provatura)

Ragout spezzato
Rahm crema, panna
rasch presto
Rebhuhn pernice
Rechnung conto
Reh capriolo
reif maturo
Reis riso
Rettich ráfano
Rhabarber rabárbaro
Rind manzo
Rinderbraten
arrosto di manzo
Rinderfilet filetto di manzo
Rinderleber fegato di manzo

Rindfleisch carne di manzo
Rindslende lombato di bue
Rindsroulade rotella di
manzo
Roastbeef rosbiffe
Rochen razza, raia
roh crudo
Rosenkohl cávolo di bruxelles
Rosinen zibibbi, uva passa
Rotkraut cávolo rosso
Rotwein vino rosso
Rouladen rotelle, involtini
Rühreier uova strapazzate
Rumpsteak filetto di manzo

Saft succo (sugo)
saftig succoso
Sahne panna, crema
Salamibrot panino con salame
Salat insalata
Salz sale
salzig salato
Salzkartoffeln patate lesse
Sardinen sardine
sauer ácido, agro
Schaf pecora
Schafskäse pecorino
scharf piccante, forte
Schaumwein (vino) spumante
Scheibe fetta
Schellfisch nasello
Schinken prosciutto
Schlagsahne panna montata
schlecht cattivo
Schnecken lumache
schneiden tagliare
Schnitte fetta, trancia
Schnitzel scaloppina
Schokolade cioccolato
Scholle sógliola
Schwarzbrot pan nero
Schwein maiale
Schweinebraten
arrosto di maiale
Schweineschnitzel
scaloppina di maiale
Schweinskotelett
cotoletta di maiale

131

Schweizerkäse
  formaggio svizzero
Seefisch pesce di mare
Seeigel ricci di mare
Seezunge sógliola
Sekt vino spumante
Sellerie sédano
Semmeln panini
Senf sénape
Serviette tovagliolo
Sodawasser acqua minerale
Soße salsa
Spanferkel porchetto
Spargel aspáragi
Speck lardo
Speisekarte lista (dei cibi)
Speisezimmer sala da pranzo
Spiegelei uovo al tegame
Spieß spiedo
Spinat spinaci
Stachelbeeren uva spina
Steinpilze funghi, porcini
Stockfisch baccalà, stoccafisso
Strohhalm pagliuzza
Stück pezzo
süß dolce
Süßwasser acqua dolce
Suppe minestra

Tasse tazza
Tee tè
Teller piatto
Thunfisch tonno
Thunfisch in Öl
  tonno sott'olio
Tintenfische calamari
Tischwein vino da pasto
Tomaten pomodori
Tomatensaft
  succo di pomodori
Tomatensalat
  insalata di pomodori
Tomatensuppe
  minestra di pomodori
Torte torta

Trauben uva
Trinkwasser acqua potabile
Truthahn tacchino

vegetarisch vegetariano
Viertel quarto
Vorspeise antipasto

Wasser acqua
Wassermelone cocomero
weich molle
weichgekochte Eier
  uova alla coque
Weichselkirschen
  amarene, marasche
Wein vino
Weinkarte lista dei vini
Weintrauben uva
Wiener Schnitzel
  scaloppina alla viennese
Wild selvaggina
Wildschwein cinghiale
Wirsing verzetto
Würstchen salsiccette
Würze condimento
würzig aromatico
Wurst salsiccia
Wurstplatte piatto d'affettato

zäh duro
zahlen pagare
zart ténero
Ziege capra
Ziegenkäse
  formaggio di capra
Zitronen limoni
Zitronensaft succo di limone
Zucker zúcchero
Zunge lingua
Zwetschgen prugne
Zwieback pane biscottato
Zwiebeln cipolle
Zwiebelsuppe
  zuppa di cipolle

Speisenregister italienisch

Speisenregister deutsch

Aus dem ADAC Verlag

Strand Europa
Bd. II: Die Badeplätze in Italien
Best.-Nr. 80 407   DM 24,80

Bd. III: Die französischen Badeplätze
am Mittelmeer
Best.-Nr. 80 408   DM 12,80

Ärztlicher Rat für Urlaub und Reise
Best.-Nr. 80 504   DM 7,80

Reisen im Ausland
Best.-Nr. 80 523   DM 7,80

Allerhand vom Urlaubsland
Best.-Nr. 80 513   DM 7,80

Guter Rat für gute Reise
Best.-Nr. 80 511   DM 7,80

Im Falle einer Panne
Best.-Nr. 80 521   DM 7,80

ADAC-Bordbuch
Best.-Nr. 80 510   DM 4,80

Erste Hilfe
Best.-Nr. 80 560   DM 8,80

Über das weitere Verlagsprogramm informiert Sie unser Ge-
samtprospekt. Die Bücher des ADAC Verlages können Sie in
allen Buchhandlungen und ADAC-Geschäftsstellen kaufen.